쉽고 맛있는 한식요리

요리명인과 함께하는 한식 클래스

민계홍 저

기문사
www.kimoonsa.co.kr

머리말

누구나 음식에 얽힌 이야기를 생각하면 그리운 고향의 맛, 부모님 생각, 감동과 감사한 마음이 머리를 쓰칠 것입니다. 그만큼 음식은 단순히 먹는 것 이상의 중요한 의미가 있으며, 음식을 알린다는 것은 곧 그 나라, 그 지역의 문화를 알리는 것과 같습니다.

이 책은 오래전 특급호텔에서 쉐프로 근무했을 당시 간직하고 있던 레시피와 한식명인들에게 배우고 익혔던 요리를 정리하여 한식을 처음 시작하는 분들이나, 어떻게 한식을 제대로 만들어야 좋을지 걱정하는 분들에게 조금이나마 기본을 익힐 수 있는 길잡이 역할이 되지 않을까 하는 마음에서 집필하였습니다.

요즘 요리에 대한 정보가 미디어에서 홍수처럼 밀려오는 가운데 저자의 요리에 대한 깊이와 경험이 부족하여 누구나 쉽고, 재미있게 배울 수 있게 쓰고 지우기를 오랜 시간 고민도 했으나 보완되어야 할 부분이 많을 것으로 생각되어 부끄럽기만 합니다.

이 책은 크게 1장 한국음식의 개요, 2장 한식의 기본 조리기술, 3장 한식의 식재료, 4장 요리명인의 한식 클래스, 5장 나의 한식 클래스 순으로 구성하였습니다. 우리나라 최고의 음식명인 네 분의 추천 요리와 함께 맛의 고장 전주음식을 모티브로 꼭 알아야 할 궁중음식과 반가음식, 향토음식, 누구나 좋아하는 밥, 죽, 면, 죽, 탕, 찌개, 찜, 선, 생채, 숙채, 전유어,

구이, 조림, 볶음, 순대, 부각, 장아찌, 포, 김치, 젓갈, 한과, 음료 등 83가지의 레시피, 조리법, 포인트, 스토리 등을 통해서 누구나 쉽고 맛있게 만들 수 있도록 하였습니다.

이 책은 저자의 마지막 집필입니다. 마지막 집필이라고 생각하니 진한 아쉬움도 남고 후련한 생각도 들고, 한편으론 새로운 인생을 잘 준비해야겠다는 생각도 듭니다. 인생을 살아 보니까 후회되는 것도 있지만 남는 건 가족이 제일 소중하다는 것을 새삼 느끼고 있습니다. 지금까지 가족들을 위해 고생을 많이 한 아내, 사랑하는 선화와 동민이, 승아, 동성이에게 고맙다는 말을 전하고 싶습니다.

마지막으로 이 책이 나오기까지 시작부터 흔쾌하게 도움을 주신 대한민국 요리명장 박효남, 요리연구가 이종임, 파라다이스시티 상무 장용섭, 전주음식명인 유인자, 기문사 사장님께 깊은 감사를 드립니다.

2024년 8월

저자 민계홍

차 례

제1장 한국음식의 개요

제2장 한식의 기본 조리기술

제3장 한식의 식재료

제4장 요리명인의 한식 클래스

제5장 나의 한식 클래스

1장

한국음식의 개요

쉽고 맛있는 한식요리

요리명인과 함께하는 한식 클래스

1장

한국음식의 개요

1. 한식의 정의

음식은 태초부터 인간이 삶을 살아가는데 가장 기본적이고도 필수적인 요소이다. 따라서 과거와 현재는 물론, 미래에도 우리 인간에게 음식의 중요성에 대해서는 새삼스럽게 말할 필요가 없을 것이다.

우리나라는 사계절이 확연하게 구분되고 여름엔 고온 다습한 한반도의 기후적 특성과 삼면이 바다로 둘러싸여 있고 전국토의 70% 이상이 산으로 되어 있는 지리적 여건이 우리의 식생활에 그대로 반영되어 한국음식의 특징을 잘 나타내고 있을 뿐만 아니라 음식에는 그 나라의 문화가 담겨 있다고 한다.

기존의 연구 자료를 보면 한식을 정의하는 공통적 기준으로는 식자재와 조리방법으로 하였다. 식자재는 한국에서 생산되는 식재료 또는 이와 유사한 식재료를 사용하여야 하며, 조리 방법은 고유의 조리방법 또는 이와 유사한 방법으로 음식을 만들어야 한다. 그러나 한식의 세계화 추세에 따라 한식의 정의 범위도 점차 확장되고 있다. 과거에는 한식의 정의를 대부분 전통음식에 국한하여 내렸으나, 최근에는 고유의 방식 외에 "이와 유사한" 식자재와 조리 방법을 포함 시키고 있다.

그러므로 한식(韓食) 또는 한국음식(韓國飮食)이란 한국에서 생산되는 식재료 또는 이와 유사한 식재료를 가지고, 전통적으로 이어져 내려온 조리방식 또는 이와 유사한 방식으로 조리된 음식이라고 정의를 내릴 수 있다.

한식은 우리나라 고유의 음식으로서 우리 민족의 얼굴이라고 할 수 있다. 음식의 형성은 그 민족이 처한 지리 · 기후 · 풍토 등의 자연 환경과 정치 · 경제 · 사회적 여건에 따라 서로 다르게 형성된다. 따라서 한 나라의 식문화는 바로 그 민족이 걸어온 발자취이며, 삶의 흔적이다.

2. 한식의 특징

우리나라는 지형적으로 평야와 산과 바다로 이루어져 있으며 삼면이 바다이여서 축산물과 농산물, 수산물이 고루 생산되고 있다.

이러한 지형적인 요소에 따른 식문화로 인하여 한국 음식의 특징은 다음과 같다.

첫째, 주식과 부식이 구분되어 있고, 국물이 있는 음식을 즐긴다.

밥과 찬을 한데 차린 상을 밥상 또는 반상이라고 하는데, 우리나라 사람들은 쌀을 위주로 이용하여 보리, 콩, 수수, 조 등의 잡곡을 섞거나 보통 쌀만으로 지은 흰쌀밥을 주식으로 한다. 때로는 국수, 죽, 만두, 수제비 등을 주식으로 먹기도 하는데 주로 주식을 통하여 우리 몸에 에너지를 얻는다.

부식은 육류, 어류, 채소류 등의 다양한 재료로 만든 반찬을 부식으로 먹는데, 국이나 찌개 같은 국물 있는 음식과 김치를 기본으로 영양학적으로 비교적 합리적이고 조화롭게 구성을 하여 활용하고 있다.

둘째, 음식의 종류와 조리법이 다양하다.

한국음식은 밥, 국, 탕, 찌개, 찜, 구이, 조림, 나물인 숙채 및 생채류, 장아찌, 젓갈, 김치, 전 등 음식의 종류가 다양하게 많다. 이러한 다양한 음식은 습열조리인 찌기, 굽기, 조림, 볶음, 데치기, 끓이기 등 다양한 조리법을 사용한다.

셋째, 조미료와 향신료를 풍부하게 사용하여 맛이 다양하다.

한국음식에는 갖은 양념이라하여 깨소금, 파, 다진마늘, 고춧가루, 고추장, 간장, 된장, 참기름, 들기름 등 양념의 종류가 많은데, 양념은 음식을 만들때 적절하게 사용해서 음식 맛을 증가시킨다. 특히 다른 나라의 음식과 비교하여 맵고, 달고, 고소하며 자극적인 맛과 향이 강한 편이다.

그리고 음식을 완성하려면 고명을 사용하는데, 한국 음식에서 고명의 역할은 음식을 아름답게 꾸며 먹고 싶은 마음이 일어나도록 하는 것으로, 맛보다 모양과 색을 장식하는 재료를 말한다. 고명은 오방색인 청색, 백색, 적색, 흑색, 황색으로 천연 식품의 색을 고려하여 한 가지 음식에 배합하거나 오색 고명을 음식에 장식한다. 예를 들어 지단, 잣, 버섯, 은행, 고추, 깨소금, 실파 등을 고명으로 하여 음식을 아름답게 장식하여 우리음식의 멋을 다채롭게 할 수 있다.

넷째, 상차림과 식사예법은 유교의 영향을 많이 받았다.

한국음식은 유교사상의 영향을 받아서 가부장적인 반상차림과 의례상차림을 중하게 여긴다. 통과의례의 돌, 혼례, 회갑, 상례, 제례 때 차리는 음식과 병과 품목이 정해져 있다. 특히, 조선시대에 와서 그 규범이 확립된 3첩, 5첩, 7첩, 9첩, 12첩의 반상에 따른 상차림이 정해졌다. 반상은 반드시 어른이 먼저 들고 나서 아랫사람이 먹는데 수저의 사용법과 식사예법이 정중해야 한다.

다섯째, 지역과 계절에 따른 음식이 발달되었다.

각 지역을 대표할 수 있는 향토 음식은 그 지역 문화와 함께 발달 되었으며 각 계절마다 음식의 특징이 있다. 여름에는 삼계탕이나 콩국으로 단백질을 보충하고 겨울에는 김장 김치를 통하여 비타민을 공급하는 지혜를 가졌다. 그리고 계절마다 장담그기, 젓갈 담그기, 채소와 포 말리기 등의 저장식품을 만들었으며 정월 초하루, 대보름, 단오, 추석, 동지 등의 절기에는 그 시기에 알맞은 음식을 만들어 먹었다.

3. 한식의 우수성

한식의 우수성에 대한 내용은 다음과 같이 정리할 수가 있다.

첫째, 한식은 쌀이나 보리 등의 곡물로 만든 밥을 주식으로 하기 때문에 주식인 밥은 탄수화물의 급원이 되고, 여러 가지 반찬을 부식으로 하는 식사 형태로 다양한 부식은 단백질, 지방, 각종 비타민과 미네랄, 식물성 섬유 등으로 구성이 되어 있기 때문에 균형 잡힌 영양식이다.

둘째, 한국음식은 영양학자들이 강조하는 균형적인 섭취비율은 식물성 식품과 동물성 식품의 비율이 8 : 2로 이루어진다는 점에서 과학적으로도 증명 된다고 하겠다. 다량 섭취하는 것은 쌀, 콩, 채소, 버섯, 김치, 해조류 등이며 소량 섭취하는 것은 우유, 유제품, 육류, 지방, 기름, 설탕 등으로 이루어진 한식은 각종 영양소 간의 균형, 동물성과 식물성의 비율, 육식과 채식의 비율 등이 종합적으로 균형을 이루고 있는 우수한 특성을 가지고 있다.

셋째, 저장식품인 김치 · 장류는 인체에 유익한 기능성 식품이다. 우리 조상들은 오래전부터 김치, 장류, 젓갈, 술 등의 발효식품을 발달시켰다. 발효식품은 미생물의 효소활성화에 의하여 원료보다 더 바람직한 식품으로 전환된 것이며, 영양가치와 저장성이 원료보다 더 개선된 것이라고 할 수 있다.

최근 대표적인 발효식품인 김치는 열량이 낮고 비만 예방의 효과가 있으며 콜레스테롤을 저하시키고 건강증진의 효과가 있음은 여러 곳에서 과학적으로 증명된 바 있다.

4. 한식의 종류

1) 주식류

주식에는 밥, 죽, 국수 등이 있다. 주식은 주로 쌀로 지은 흰밥이고 보리, 조, 수수, 콩, 팥 등을 섞어 지은 잡곡밥이 있다. 죽은 곡물을 알곡으로 또는 갈아서 물을 넣고 끓여 완전히 호화 시킨 것으로 곡물 이외에 채소류, 육류, 어패류 등을 넣고 끓이기도 한다. 국수는 조석의 식사 때보다는 잔치나 손님 접대할 때 주식으로 차리고, 평상시에는 간단한 점심 식사용으로 많이 먹는다. 따뜻한 국물에 먹는 온면과 찬 육수나 동치미 국물에 먹는 냉면, 장국에 말지 않는 비빔국수로 나눌 수 있으며, 만두와 떡국도 즐겨 먹는다.

2) 찬품류

찬품에는 국, 찌개, 전골, 볶음, 찜, 선, 생채, 숙채, 조림, 초, 전유어, 구이, 적, 회, 쌈, 편육, 족편, 튀각, 부각, 포, 장아찌, 김치, 젓갈 등이 있다.

① 국은 매끼마다 오르는 기본적인 반찬이며, 건지와 국물의 비율이 비슷한 찌개는 국보다 간이 센 편인 국물 음식이다. 전골과 볶음은 육류와 채소를 밑간을 하여 즉석에서 끓이고 볶아 먹는 음식이다.

② 찜은 육류, 어패류, 채소류를 국물과 함께 끓여서 익히거나 증기로 쪄서 익히는 음식이며, 선(膳)은 채소나 생선, 두부를 주재료로 하여 찜으로 끓이거나 찐 음식을 말한다.

③ 생채(生菜)는 계절마다 새로 나오는 싱싱한 채소를 익히지 않고 초장, 초고추장, 겨자장으로 무친 가장 일반적인 찬품이며, 익은 나물을 숙채라고 한다.

④ 조림은 육류, 어패류, 채소류로 간을 약간 세게 하여 주로 반상에 오르는 음식이며, 초는 조리다가 나중에 녹말을 풀어 넣어 국물이 엉기게 하며 대체로 간은 세지 않고 달게 하는데, 초의 재료로는 홍합과 전복을 가장 많이 쓴다.

⑤ 전유어의 전(煎)은 기름을 두르고 지지는 조리법으로 전유어(煎油魚), 전유아, 전냐, 전야, 전 등으로 불리고 궁중에서는 전유화라고 하였다.

⑥ 구이는 고기나 생선, 채소 등에 양념을 하여 굽는 조리법으로 인류가 불을 이용해 가장 먼저 조리한 음식이다.

⑦ 적(炙)은 육류, 채소, 버섯 등을 양념하여 대꼬치에 꿰어 구운 것으로 산적은 익히지 않은 재료를 꼬치에 꿰어서 지지거나 구운 것이고, 누름적은 재료를

양념하여 익힌 다음 꼬치에 꿴 것과 재료를 꼬치에 꿰어 전을 부치듯이 옷을 입혀서 지진 것 두 종류가 있다.

⑧ 회(膾)는 육류, 어패류를 날로 또는 익혀서 초간장, 초고추장, 겨자즙, 소금기름 등에 찍어 먹는 음식이다.

⑨ 쌈은 김, 상추, 배춧잎, 취, 호박잎, 깻잎, 생미역 등에 밥을 얹어서 싸 먹는 것을 쌈이라 한다.

⑩ 편육은 소고기나 돼지고기를 덩어리째 삶아 베보에 싸서 도마로 누른 다음 얇게 썬 것으로 양념장이나 새우젓국을 찍어 먹는 음식이다.

⑪ 육류의 질긴 부위인 소족과 사태, 힘줄, 껍질 등에 물을 붓고 오래 끓이면 젤라틴 성분이 녹아서 죽처럼 되는데 이것을 네모진 그릇에 부어서 굳힌 다음 얇게 썬 것을 족편이라 한다.

⑫ 튀각은 다시마, 가죽나무순, 호두 따위를 기름에 바싹 튀긴 것이다.

⑬ 부각은 재료를 그대로 말리거나 찹쌀풀이나 밥풀을 묻혀서 말렸다가 튀긴 반찬으로 감자, 고추, 깻잎, 김, 가죽나무잎 등으로 만든다.

5. 한식의 분류

1) 궁중음식

궁중음식은 옛날 궁중에서 차려졌던 음식을 통칭해 이르는 말로 조선시대 왕가의 음식과 왕족의 음식으로 일상적인 일상식과 의례식으로 나눌 수 있다. 왕실의 일상식에 대한 기록은 거의 없는 편인데, 현재 무형문화재 지정을 통해 전수되어 온 고종의 상차림과 정조(1795)가 어머니 혜경궁 홍씨의 회갑연을 기념하여 화성(現, 수원)에서 연 8일 간의 행사를 기록한 '원행을묘정리의궤'에서 찾을 수 있다. 의례식의 상차림에는 왕족의 생일이나 경사에 제공된 연회식, 외국 사신을 접대하기 위한 영접식, 왕실의 혼례를 위한 가례식, 왕실 제사 때 올린 제례식이 있다.

궁중에서는 음식을 한 곳에서 만들지 않았는데, 중전, 대비전, 세자빈의 전각

등 각 전각마다 주방 상궁이 딸려서 각각 음식을 만들어 먹었다. 각 전각의 음식을 만드는 부서로는 생과방(生果房)과 소주방(燒廚房)이 있었다. 생과방은 평상시의 수라 이외에 잣죽, 깨죽 등과 각종 전과, 식혜, 다식, 떡 등 음료와 과자를 만드는 부서로 잔치 음식의 다과류도 이곳에서 만들었다. 소주방은 내소주방과 외소주방으로 나누어지는데, 내소주방은 조석수라를 관장하는 곳으로 주식에 따른 각종 찬품을 맡았다. 외소주방은 잔치음식을 만드는 곳으로서, 궁궐의 다례나 대소 잔치는 물론 웃사람의 생일에도 잔칫상을 차렸다.

고종과 순종 당시 수라상궁을 담당한 한희순 상궁이 전수한 일상식은 초조반상, 아침과 저녁의 수라상, 점심의 낮것상의 네 차례 식사로 나뉘며, 야참이 포함되기도 하였다.

조선조의 몰락으로 사라지게 된 궁중의 식생활을 계승하고자 국가에서는 1970년 12월 30일 조선왕조 궁중음식을 중요무형문화재 제38호로 지정하였다. 1대 기능보유자는 한희순 상궁이였고, 2대 기능보유자는 황혜성, 현재 3대 기능보유자는 한복려와 정길자이다. 대표음식으로는 신선로, 구절판, 임자수탕, 탕평채, 숭채만두, 어만두, 전유화 등이 있다.

2) 반가음식

반가(班家)음식은 양반 집안의 음식을 말한다. 양반은 조선시대 최상급의 사회계층으로 관료나 학자 등 사회계급이다. 특히 사대부(士大夫)가는 민간으로는 가장 세도를 부리는 계층으로 일반 양반집보다 권력과 부가 있는 왕족이나 종친가들, 궁과 인척관계에 있는 계층, 궁중을 출입하는 대관 고작 등이 있다.

조선시대 궁중에서 차렸던 음식들을 종친이나 척신 집에 하사하여 궁중음식이 대궐 밖에 전해졌고, 왕가에 경사가 있을 때는 반가에서 만든 음식을 궁중에 진상하는 등 궁중과 반가와의 음식 교류가 빈번하여 이러한 영향으로 궁중음식과 유사한 음식이 많다.

3) 사찰음식

고려 왕조 이후로 전해진 불교의 교리에 따른 음식을 말으로 절음식이라고도 불린다. 사찰음식은 육식과 인공 조미료를 전혀 넣지 않는 채식음식으로 불교의 기본 정신을 바탕으로 하여 소박한 재료를 가지고 자연의 풍미를 살려 독특한 맛을 내고, 음식은 끼니 때마다 준비하며, 반찬의 가짓수는 적게 만든다.

평상시 승려들이 식사하는 것을 발우공양(鉢盂供養)이라 한다. 발우는 4개의 목기로 되어있는데 가장 큰 것이 밥그릇, 두 번째는 국그릇, 세 번째는 물그릇이며, 가장 작은 것이 찬그릇이다. 밥그릇은 무릎 왼쪽 바로 앞에 놓으며, 국그릇은 오른쪽 앞에 놓는다. 찬그릇은 밥그릇 바로 앞에, 물그릇은 국그릇 바로 앞에 놓는다. 밥과 국은 각각 먹을 만큼만 담아, 남거나 모자라지 않게 한다. 공양이 끝나면 발우는 깨끗이 닦아 원래대로 쌓아놓는다.

4) 향토음식

향토음식은 각 지방의 전통음식을 말한다. 향토음식은 그 지방에서만 생산되는 식료품으로 그 지방 특유의 조리법으로 만드는 음식이 있고, 타 지방에서만 생산되는 식료품으로 조리법을 특별하게 만드는 음식이 있으며, 각 지방마다 오래전부터 있는 음식이지만 조리법이 특색이 있어 별미인 음식이 있다.

교통이 발달되기 전까지는 각 지역에만 특색 있는 향토음식이 있었는데, 지금은 여러 지역을 대표하고 있는 향토음식을 주변에서 쉽게 접할 수 있게 되었다.

6. 한식의 지역별 특성

1) 경기도

고려의 수도였던 개성을 포함하여 서울이 가까이 있어 서울 음식과 유사한 편이다. 전체적으로 수수하고 소박하며, 양념을 많이 쓰지 않는다.

대표음식으로는 수원갈비, 삼계탕, 갈비탕, 곰탕, 연천 매운탕, 가평 메기 메운탕, 포천 이동갈비, 파주 황복회, 의정부 부대찌개, 안산 대부도 바지라 칼국수, 이천 쌀밥정식, 안성 소머리국밥 등이 있다.

2) 서울

서울은 조선왕조 500년 도읍지로 전국의 여러 특산물이 집중되어 다양하고 화려한 음식문화가 형성되었다. 음식의 간은 전체적으로 짜지도 맵지도 않은 중간 정도로 음식의 가짓수가 많고, 의식의 양은 조금인 편이다.

대표음식으로는 종로빈대떡, 장충동 족발, 설렁탕, 해장국, 신당동 떡볶기, 육개장, 육전, 갈비찜, 너비아니, 구절판 등이 있다.

설렁탕 설렁탕은 상류층의 귀족과 사대부가 즐겨먹던 음식으로 조선시대 왕이 친경(봄에 임금이 친히 논밭을 가는 행사)을 하던 선농단(동대문 제기동) 앞에서 행사가 끝나면 배고픔을 못 견디어 소(소머리, 내장, 뼈다귀, 도가니 등)를 잡아 백성들에게 나눠준 국물 음식을 말함. 선농단의 탕인 선농탕에서 설렁탕으로 변했다고 함

3) 강원도

태백산맥과 동해를 접하고 있어 산촌과 어촌의 식문화가 다양하게 발달되었으며, 옥수수, 감자, 메밀, 산채, 오지어, 미역 등의 특산물을 이용한 음식이 많으며, 소박하고 구수하며 잡곡과 감자를 이용한 음식이 발달하였다.

대표음식으로는 감자밥, 감자부침, 도토리묵, 춘천막국수, 화천 산천어회, 인제 황태국, 황태해장국, 속초 오징어순대, 평창 오삼불고기 등이 있다.

4) 충청도

어업이 발달아여 해산물이 풍부하며 음식의 양이 많고, 맛이 순하다. 대표음식

으로는 콩마물밥, 보리밥, 녹두죽, 칼국수, 청국장찌개, 장떡, 서산 우럭젓국, 괴산 다슬기국, 영동 어죽 등이 있다,

5) 전라도

전주와 광주를 중심으로 음식이 발달하였으며, 호남평야의 농산물과 다양한 해산물로 식문화가 발달하였다. 상차림의 반찬 가짓수가 많고, 전체적으로 간을 세게하고 고춧가루를 많이 넣는다. 대표음식으로는 전주비빔밥, 콩나물국밥, 모주, 오모가리탕, 백반, 홍어회, 꽃게장. 젓갈류, 산낙지회, 연포탕, 낙지볶음, 영산포 홍어 등이 있다.

6) 경상도

동해와 남해에 인접하여 해산물이 풍부하고 낙동강 주변에 평야가 잇어 농작물이 많다. 음식의 짜고 매우며 멸치와 조개를 즐겨 사용한다. 대표음식으로는 진주비빔밥, 닭칼국수, 아귀찜, 탕국, 갱시기, 동래파전, 포항 과메기, 부산 꼼장어구이 등이 있다.

7) 제주도

돌, 바람, 여자가 많다하여 삼다도라 한다. 해산물이 품부하며 내륙의 평야지대와 산간지대의 고사리, 산나물을 이용한 식문화가 발달하였다. 전체적으로 음식의 간이 담백하고 소박하고, 양념을 적게 사용하며 들어가는 재료가 간단하다. 대표음식으로는 흑돼지구이, 전복죽, 닭죽, 미역국인 몸국, 갈치조림, 갈치국, 갈치구이 등이 있다.

7. 우리나라의 식사예절

1) 여러 사람과 같이 식사를 하게 될 때에는 항상 손윗사람이 수저를 든 다음에 식사를 시작해야 한다.

2) 숟가락과 젓가락을 한 손에 다 같이 들고 사용하지 않도록 하며, 젓가락을 사용할 때에는 숟가락을 놓고 사용해야 한다. 젓가락을 사용할 때마다 상위에서 젓가락의 끝을 맞추는 소리를 내지 않도록 주의한다.

3) 숟가락이나 젓가락을 국그릇이나 반찬그릇 위에 걸쳐놓지 않도록 하고, 밥그릇이나 국그릇을 손으로 들고 먹지 않도록 한다.

4) 입 속에 음식을 넣을 때에는 적당한 양을 넣고 씹을 수 있도록 하며 입속에 음식을 넣은 채 말을 하는 일은 삼가야 한다.

5) 김칫국물이나 국 국물을 마시기 위하여 그릇째로 들이마시는 것은 좋지 못하며, 숟가락으로 떠서 마시되 소리를 내지 않고 가만히 마시도록 한다.

6) 식사 중에 기침이나 재채기가 나면 머리의 방향을 빨리 돌리고 손이나 손수건을 대어 남에게 침이 튀거나 지저분한 것이 보이지 않도록 해야 한다.

7) 밥이나 반찬을 뒤적거리거나 해치는 것은 좋지 못하며 한 쪽에서부터 먹도록 한다. 또한 젓가락으로 만찬에 붙은 고명을 털어가면서 먹는 일이 없도록 해야 한다.

8) 숟가락을 유난히 빨거나 젓가락으로 이 사이에 낀 음식을 쑤셔서 빼는 일이 있어서는 안 된다.

9) 멀리 떨어져 있는 음식이나 양념은 자리의 팔을 길게 뻗어 집어오지 않도록 하고 반드시 옆의 분에게 집어주기를 청하여 받도록 한다.

10) 음식을 먹는 도중 돌이나 가시가 있을 때에는 옆사람에게 보이지 않게 조용히 뱉어버리거나 종이에 싸서 버리면 더욱 좋다.

11) 숭늉은 대접에 엄지손가락이 빠지지 않도록 하고 두 손으로 들이 마시거나 숭늉으로 입속을 양치하듯이 소리를 내어 마시는 일이 없도록 한다.

12) 이쑤시개를 사용할 때에는 남에게 보이지 않도록 입을 가리고 하며, 사용한 이쑤시개는 아무데나 버리지 말고 남이 보지 않게 처리한다.

13) 음식을 다 먹은 후에는 숟가락을 오른편에 가지런히 놓고 냅킨을 적당히 접어서 소반위에 놓는다.

14) 식사를 즐겁게 한다는 것은 생활을 즐기는 한 방법이 되므로 가족 간의 유대를 높이는 의미로 유쾌한 이야기를 나누도록 한다.

2
장

한식의 기본 조리기술

쉽고 맛있는 한식요리

요리명인과 함께하는 한식 클래스

2장

한식의 기본 조리기술

1. 조리기구

조리에 필요한 기구를 준비하여 정성을 다해서 맛있는 요리를 한다는 것은 조리사의 기본적인 업무 중의 하나이다. 그렇지만 현재 조리 기구가 매우 세분화되고 과학화되어 있는 반면, 가격 면에서는 경제적인 부담이 크기 때문에 기구를 구입해도 그 기능을 충분히 활용하지 못하는 경우가 많다. 따라서 조리기구의 사용 용도를 정확히 숙지하여 한식당의 규모나 그 한식당이 지향하는 메뉴의 성격에 맞게 기구를 선택하는 것이 바람직하다.

1) 민찌기계 : 육류를 잘게 가는 기계를 말하는데, '차퍼(Chopper)'라고 한다.

2) 컨벡션 오븐 : 로스팅이나 오븐 굽기를 할 때 주로 이용되며, 준비된 음식을 다시 데우는 데도 쓰이는 가장 보편적인 오븐이다. 뜨거운 공기가 상하 좌우로 공급되면서 조리가 되는 대류식 오븐으로 전기나 가스가 이용되며, 공기를 유동시켜 주는 팬이 내장된 경우도 있다.

3) 슬라이스 기계 : 여러 가지 채소나 육류를 동일한 두께로 얇게 써는 기계를 말한다.

4) 생선구이 기계 : 한식당이나 생선구이 식당에서 많이 사용하는 기계로 전기와 가스로 상방 방사열을 발산하도록 설비되어 있다.

5) 찜냄비 : 고압의 증기열로 다량의 음식물을 익힐 수 있는 증기 찜통을 말한다.

2. 소도구(Utensils)의 종류 및 용도

1) 믹서기 : 속도 조절기능이 있으며, 내부에 날카로운 칼이 있어서, 식품을 섞고, 다지고, 갈고, 액체를 만들 때 사용한다.

2) 강판 : 사각형 면에 각기 다른 형태의 구멍을 가진 것으로 채소, 치즈, 레몬 껍질 등을 갈 때 사용한다.

3) 캔 오프너 : 통조림을 따는 기구로 고정된 것과 이동 가능한 것이 있다.

4) 채반 : 구멍이 뚫린 소쿠리 형태로 채소, 국수 등 물기를 빼는 데 사용한다.

5) 계란 절단기 : 삶은 계란을 일정한 모양과 두께로 자를때 사용한다.

6) 고운채 : 육수나 소스를 아주 곱게 거를때 사용한다.

7) 믹서 프로세서 : 음식을 갈거나 다지고, 썰어주는 기계이다.

8) 후라이팬 : 육류를 굽거나 계란 후라이, 채소 등 볶음용 요리에 사용한다.

9) 국자 : 소스나 육수 등을 담아 내는데 사용한다.

10) 계량컵 : 눈금으로 양을 측정할 수 있는 계량 컵을 말한다.

11) 거품기 : 소스, 계란 흰자 등 거품을 낼 때, 음식을 섞어 주거나 저어줄때 사용한다.

12) 믹싱볼 : 음식물을 혼합하기 위한 둥근 용기이다.

13) 시트 팬 : 쟁반이라고 할 수 있는데, 모든 조리 시 여러 가지 용도로 사용한다.

14) 고운채 : 둥그런 모양의 채. 가루나 다른 재료를 치는 데 사용한다.

15) 스틸 : 칼날을 날카롭게 하기 위한 쇠 봉으로 숫돌로 칼을 간 후 칼날을 잡아 줄때와 칼 사용 시 순간적으로 칼날을 날카롭게 하기 위한 기구이다.

16) 냄비 : 육수나 국, 국밥 등을 끓이는 두꺼운 통이다.

17) 주걱 : 칼과 같은 예리한 날이 없는 도구로서 케이크에 아이싱을 입힐 때 사용하는데, 스테인레스, PVC 재질로 된 종류가 있다.

18) 집게 : 음식을 집는데 쓰인다.

19) 시루 : 바닥에 있는 구멍을 통하여 뜨거운 증기가 올라와 음식을 찌거나 익힐 때 사용하는데, 재료가 흘러 떨어지지 않도록 시루 밑을 깔고 뚜껑을 덮어서 사용한다.

20) 석쇠 : 촘촘한 스텐 망으로 만든 구이용 도구로 고기, 생선, 불고기, 양념 도라지 등을 굽는데 사용한다.

21) 뒤집개 : 후라이팬 등에서 요리를 할 때 음식을 뒤집는 납작한 기구이다.

3. 칼의 사용법과 손질

1) 칼

거의 모든 요리는 칼로부터 시작된다. 조리사는 칼을 소중히 여겨야 하며, 조심스럽게 다루어야 한다. 우리나라의 재래식 칼은 칼날이 날카롭게 올라서 있고 손잡이가 둥근 나무로 되어 있다. 요즘은 재래식 칼은 거의 사용을 안하고 서양식 칼을 많이 사용하고 있다.

칼날은 항상 날카롭게 유지하며 칼집이나 안전함에 보관하고 반드시 도마 위에서 칼질을 하고, 칼날은 바닥 또는 작업자의 반대 방향으로 향하게 한다. 또한 음식을 자르는 이외의 목적에는 사용하지 말 것이며, 손에 들고 장난하는 것은 절대 금물이다.

1) 칼의 명칭

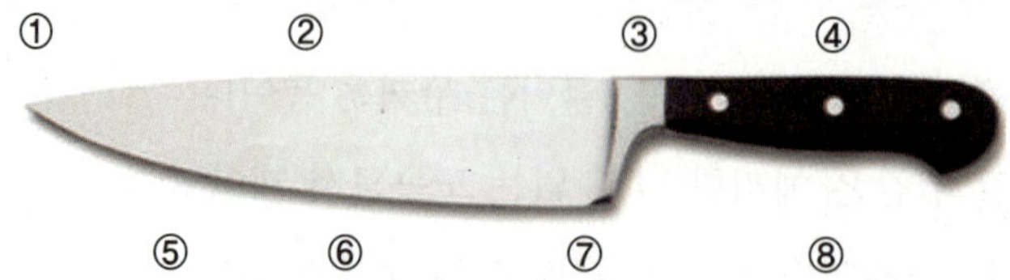

[그림 2-1] 칼의 부위별 명칭

① **칼끝(Knife Tip)** : 야채의 자국을 내거나 섬세하게 자를 때나 고기 힘줄을 자르고 생선의 살을 발라내거나 내장을 빼내는 부분.

② **칼등(Spine)** : 고기를 두드리거나 우엉의 껍질을 깎아 낼 때에 쓴다.

③ **보강쇠(Bolser)** : 대부분의 후렌치 나이프는 칼 손잡이가 하나로 되어 있는데, 손잡이와의 이음새부분에 이물질이 끼는 것을 주의하여 청결함을 유지시켜 주어야 한다.

④ **손잡이(Handle)** : 손잡이 소재의 감촉, 쥐어본 느낌, 길이 전체 무게의 밸런스를 체크한다.

⑤ **칼날(Knife Blade)** : 주로 섬세한 칼질을 할 때 사용하며, 칼을 갈아서 사용할 때 지나치게 많이 갈아 사용 시 칼의 수명을 단축시키는 원인이 된다.

⑥ **칼배(Blade)** : 야채를 눌러 자르거나 고기나 생선을 잡아당겨 자르는 부분으로 칼 날을 손톱위에 대고 가만히 당겨서 자리가 나면 잘 드는 증거이다.

⑦ **칼굽(Heel)** : 생선뼈를 자를 때 사용한다.

⑧ **슴배(Rivets)** : 칼 손잡이 부분에 박힌 고정 시킨 나사를 말한다.

2) 기본 칼 잡는 방법(Method of Griping the Knife)

칼을 잡는 방법에는 다음과 같이 세 가지 방법을 많이 사용한다.

(1) 칼의 양면을 잡는 방법

① 일반적으로 칼을 사용해 식재료를 절단할 때 가장 많이 칼 잡는 방법으로 오른손 엄지와 검지 손가락이 칼날 면을 잡은 형태로 한다.

② 칼로 식재료를 썰을 때 왼손 검지 손가락 첫째 마디를 구부리고 칼 면에 닫게 하고 썬다.

(2) 칼등 쪽에서 엄지를 얹고 잡는 방법

① 힘이 많이 필요한 딱딱한 식재료를 썰을 때 잡는 방법으로 오른손 엄지손가락이 칼등 쪽에 있어 누르는 힘이 강하다.

② 칼로 식재료를 썰 때에는 항상 왼손 검지나 중지를 구부려서 식재료를 잡고 썬다.

(3) 칼등 쪽에 검지를 얹고 잡는 방법

① 칼의 끝 쪽을 사용할 때 잡는 방법으로 비교적 섬세한 작업을 할 때 필요하며, 오른손 검지손가락을 칼등 위쪽에 얹어 놓고 잡는다.

② 왼손의 검지와 중지는 항상 구부리고 썰기를 한다.

3) 기본 썰기 방법

여러 가지 식재료를 써는 방법에는 밀어 썰기, 당겨 썰기, 내려 썰기 등이 있다.

(1) 밀어 썰기

칼을 밀면서 식재료를 써는 방법으로 앞쪽 방향으로 힘을 가해 썬다. 식재료를 밀어 썰거나 당겨 썰어야 잘 썰릴 뿐 아니라, 잘려진 면도 깨끗하게 된다.

(2) 당겨 썰기

칼을 당기면서 써는 방법으로 뒤쪽 방향으로 힘을 가해 썬다. 슬라이스(Slice) 할 때 가장 빠르게 썰 수 있는 방법이다.

(3) 내려 썰기

칼을 내려 써는 방법으로 칼끝 쪽을 도마에 붙이고 아래쪽 방향으로 힘을 가해 썬다. 주로 재료를 다질 때 많이 사용하는 방법이다. 이 방법은 손을 다칠 확률이 가장 적은 방법으로 조금만 연습하면 쉽게 할 수 있다.

4) 칼 사용의 올바른 자세

칼을 사용하는 올바른 자세는 다리는 어깨 넓이로 하고, 똑바로 선 자세에서 고개만 약간 숙여 칼 쪽을 응시하며, 오른손은 칼의 손잡이를 움직이지 않게 힘 있게 잡고 왼손의 검지와 중지의 마지막 마디를 구부려서 식재료를 잡고 구부린 부분이 칼 면에 닫게 하여 썬다.

5) 숫돌(Sharpenig stone)을 사용하여 칼 가는 방법

칼날을 날카롭게 하기 위한 돌의 일종으로 입자의 크기에 따라 크게 3가지(입자의 굵기 순서로 날 세우기용, 다듬기용, 마무리용)로 구분한다. 숫돌을 사용할 때는 사용하기 전에 물에 잠길 정도로 담가두어 물기를 충분히 흡수한 다음 칼날 전체가 숫돌 면에 골고루 닿을 수 있도록 하고 안정된 자세에서 같은 행위를 반복한다. 숫돌 역시 필요이상으로 많이 사용하면 칼날의 조기 마모를 가져오므로 숫돌과 Steel을 효율적으로 병행 사용하는 것이 좋다.

① 숫돌의 사용은 칼을 가는 목적에 맞는 숫돌을 골라 사용한다.
② 칼을 갈기 전에 숫돌을 물에 담가서 수분을 흡수하도록 한다.
③ 숫돌 사용 시 젖은 행주를 깔아서 숫돌이 흔들리지 않도록 한다.

④ 오른손은 손잡이를 잡고 왼손은 칼의 면을 가볍게 누르면서 오른손의 힘을 이용하여 가볍게 당긴다.

⑤ 칼과 숫돌의 각은 개인마다 차이가 있어 칼의 사용은 개인 칼을 사용하는 것이 바람직하나 일반적으로 15~20°의 각을 유지하여 칼을 갈아준다.

⑥ 왼손과 오른손의 힘을 동시에 주면서 칼을 밀어 갈아준다.

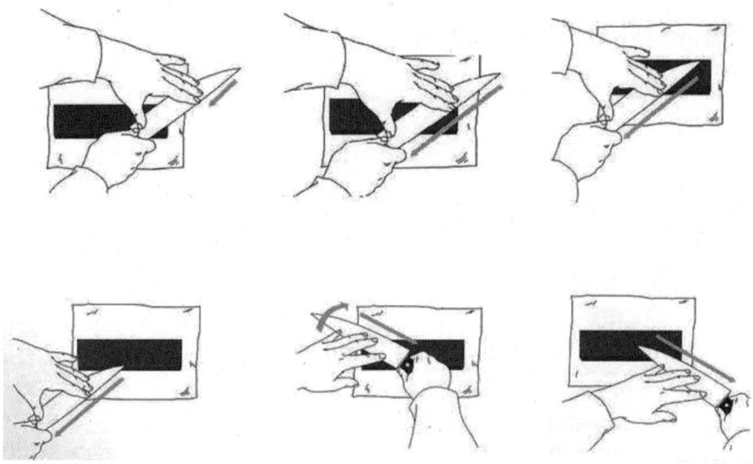

[그림 2-2] 숫돌을 이용하여 칼 가는 방법

6) 스틸(Steel) 사용법

칼날을 날카롭게 하기 위한 쇠봉으로 숫돌로 칼날을 세우고 소지 중에 순간적으로 날카롭게 하기 위한 기구이다. 손잡이와 봉 사이에는 손을 보호하는 보호막이 있고, 쇠봉의 결도 여러 가지가 있다. 단 너무 많이 반복하여 사용하면 오리려 칼날을 망치기 때문에 1회에 7~8번을 넘지 않도록 한다.

스틸의 사용목적은 칼날이 일직선으로 되도록 유지시켜 주는 것이지 칼날을 날카롭게 가는 도구가 아니다. 그러므로 스틸은 임시적 방편으로 칼을 잘 들지 않을 때 사용하는 것이며, 지속적으로 스틸을 사용하게 되면 칼날의 각도가 점점 넓어지게 되며 결과적으로 칼을 못 쓰게 만든다. 따라서 칼날을 세울 때는 숫돌과 병행하여 사용하는 것이 바람직하다.

(1) 스틸의 핸들을 왼손으로 잡는다, 팔은 정면에서 약 60° 정도 되도록 벌리고 스틸을 움직이지 않도록 고정시킨다.

(2) 칼을 오른손으로 쥐고 칼날과 스틸의 면과 약 20°의 각도를 유지한다.

(3) 20°의 각도를 유지하면서 칼날의 핸들 쪽 끝부분의 스틸의 위 부분에 닿도록 하여 가볍게 밑으로 잡아당긴다.

(4) 반대쪽 칼날 부분도 같은 방법으로 한다.

(5) 양면을 3~4회 반복한다.

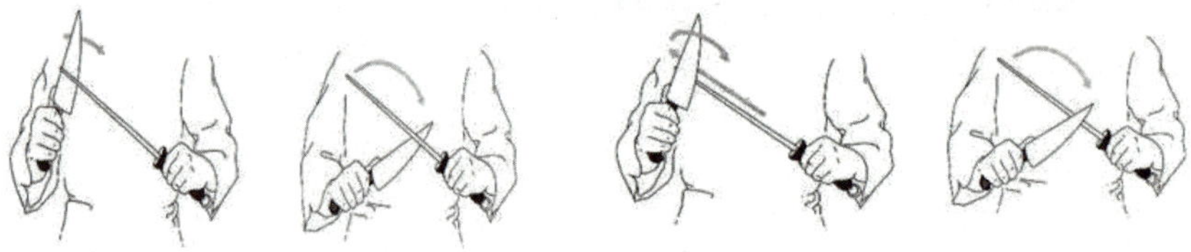

[그림 2-3] 스틸(Steel) 사용 방법

5) 칼의 측면도

칼의 예리함은 주로 칼날의 측면모양과 칼날에 달려있고 예리함의 지속성은 철(Steel)의 종류와 그 담금질에 많이 달려있다.

1. A 타입

이상적인 칼날모양으로 안정적이고 쉽게 다시 갈아 쓸 수 있다.

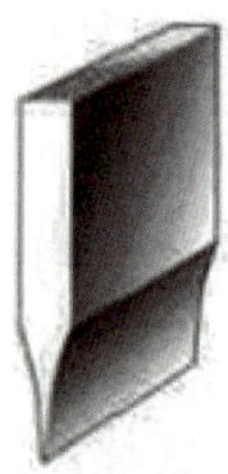

2. B 타입

이 모양의 칼은 칼날이 튼튼하지 못하여 쉽게 손상이 되므로 비추천 칼날이다.

[그림 2-4] 칼의 측면도

6) 칼의 종류와 용도

① **일반 조리용 칼** : 서양식 칼로 프렌치나이프(French Knife)라고 하며 가장 보편적으로 많이 쓰이고 길이는 30cm정도 된다.

② **본 나이프** : 육류나 가금류의 뼈를 발라내는 데 사용하고, 얇은 칼은 생선의 뼈를 발라내는데 사용한다.

③ **화채 스큽** : 멜론이나 수박 등 과일을 동글동글하게 파내어 화채를 만들거나 장식을 할 때 사용한다.

④ **야채 필러** : 야채의 껍질을 벗길 때 이용.

4. 재료 썰기

1) 반달썰기

오이, 애호박, 당근, 감자, 고구마, 무 등 길이를 반으로 자른 후 반달 모양으로 써는 방법이다.

2) 은행잎 썰기

애호박, 감자, 무, 당근 등의 재료를 길게 열십자로 4등분하여 원하는 두께로 은행잎 모양으로 써는 방법이다.

3) 어슷썰기

파, 오이, 당근 등 재료와 음식에 따라 원하는 두께로 가늘고 길게 어슷하게 써는 방법이다.

4) 골패썰기

당근, 무 등의 재료를 골패모양으로 직사각형으로 얇고 납작하게 써는 방법이다. 골패형이란 길고 납작한 직사각형 모양을 말한다.

5) 나박썰기

당근, 무 등의 재료를 얇고 작게 사각형으로 써는 방법이다.

6) 깍둑썰기

무, 감자, 두부 등의 재료를 주사위 모양으로 써는 방법이다.

7) 채썰기

무, 당근, 오이 등의 재료를 얇게 썬다음 비스듬히 포개어 놓고 가늘게 써는 방법이다.

8) 막대썰기

무, 오이, 당근, 무 등의 재료를 원하는 길이로 자른 후 적당한 굵기의 막대 모양으로 써는 방법이다.

9) 깎아썰기

우엉, 도라지, 무 등의 재료를 칼날의 끝으로 연필 깎듯이 얇게 써는 방법이다.

10) 마름모형썰기

달걀지단, 당근, 양배추 등의 재료를 길게 썬 후 일정한 간격으로 어슷하게 써는 방법이다.

11) 밤톨썰기

감자, 당근 등 단단한 채소를 밤톨크기로 자른 후 둥굴둥글하게 다듬어 주는 방법이다.

12) 얄팍썰기

등근, 무 등을 원하는 크기로 가로 세로로 자른 후 얇게 써는 방법이다.

13) 마구썰기

여러 가지 재료를 일정 모양 없이 각이 지도록 마구 썰어 주는 방법이다.

5. 고명과 계량법

1) 고명

'고명'이란 음식의 모양과 색을 좋게 하기 위해서 음식 위에 뿌리거나 얹는 것을 말한다. 한국음식의 색깔은 오행설에 바탕을 두어 붉은색, 초록색, 노란색, 흰색, 검은색의 오색이 기본이다.

예를 들어 붉은색은 홍고추, 건고추, 실고추, 대추, 당근 등, 초록색은 미나리, 실파, 대파, 호박, 오이, 풋고추, 은행 등, 노란색은 달걀 노른자, 지단, 흰색은 달걀흰자, 밤, 잣, 호두, 통깨, 깨소금, 검은색은 흑임자(검정깨), 석이버섯, 표고버섯, 검은깨 등으로 많이 쓰인다.

2) 계량법

계량이란 무게, 부피, 길이, 시간, 온도 등 적정한 량을 측정하는 것으로 계량의 기준이 되는 것을 계량단위라고 말한다.

[표 2-1] 조미식품의 중량표

	식품명	1작은술(5cc)	1큰술(15cc)	1컵(200cc)
1	물	5	15	200
2	간장	5.7	17	230
3	식초	5	15	200
4	술	5	15	200
5	굵은 소금	4.5	13	160
6	고운 소금	4	12	156
7	설탕	4	12	160
8	꿀, 물엿, 조청	6	18	290
9	식용유	4	13	170
10	참기름	4	13	170
11	고추장	6	18	240
12	다진 마늘	3	9	120
13	다진 파	3	9	120
14	다진 생강	3	9	120
15	고춧가루	2	6	80
16	후춧가루	3	9	120
17	통깨	2	7	90
18	깨소금	2	6	80
19	밀가루	3	8	105
20	녹말가루	3	8	110
21	겨자가루	2	6	80
22	된장	5	17	220

1큰술 = 1T(Table spoon) = 15g = 15ml =15cc
1작은술 = 1t(tea spoon) = 5g = 5ml = 5cc
1컵 = 1cup = 200ml
계량 스푼 : 가정에서 사용하는 밥숟가락보다 약간 크다.
1꼬집 : 엄지 손가락과 검지 손가락 끝으로 가볍게 잡은 정도의 기준량을 말한다.

[표 2-2] 식품의 중량표

식품명		계량	중량(g)	식품명	계량	중량(g)	식품명	계량	중량(g)
곡류	백미	1컵	160	밀	1컵	160	들깨	1컵	110
	현미	1컵	160	대두	1컵	160	옥수수	1컵	155
	찹쌀	1컵	160	녹두	1컵	170	수수	1컵	180
	보리쌀	1컵	180	팥	1컵	165	흑임자	1컵	110
	참깨	1컵	120	강낭콩	1컵	160	차조	1컵	160
가루	밀가루	1컵	105	볶은 콩가루	1컵	85	잣가루	1컵	90
	쌀가루	1컵	100	엿기름	1컵	115	녹말가루	1컵	130
채소	양파	1개	200	죽순(삶은)	1개	200	더덕	5개	120
	마늘	1쪽	5	콩나물	1봉	300	표고버섯(생)	5개	85
	생강	1쪽	20	숙주나물	1봉	300	느타리버섯(생)	5개	85
	배추	1개	2,000	오이	1개	200	대파	1대	80
	무	1개	1,000	애호박	1개	300	깐쪽파	15대	200
	감자	1개	200	풋고추	1개	15	홍고추	1개	20
	고구마	1개	150	가지	1개	150	청양고추	1개	10
	당근	1개	200	쑥갓	1단	230	미나리	1단	250
	양배추	1개	2,500	시금치	1단	250	연근	1개	200
	양상추	1개	400	잎상추	1봉	150	고사리	1컵	200
	깻잎	1장	2	부추	1단	250	무순	1봉	80
육류 · 어패류	다진 고기	1컵	200	전복	1마리	200	홍합살	1컵	200
	닭	1마리	1,200	꽃게	1마리	300	조갯살	1컵	200
	영계	1마리	500	갈치	1마리	600	굴	1컵	200
	오징어	1마리	500	고등어	1마리	600	마른 오징어	1마리	100
	낙지	1마리	200	중하	1마리	50	북어포	1마리	70
	해삼	1마리	199	대하	1마리	100	마른멸치	1컵	50
과실류	사과	1개	250	참외	1개	300	레몬	1개	150
	배	1개	400	복숭아	1개	140	딸기	1개	20
	감	1개	200	자두	1개	40	앵두	1컵	150
	귤	1개	100	유자	1개	110	수박	1개	2,000
기타	달걀	1개	55	메추리알	1개	15	두부	1모	250
	김	1장	5	미역(불린)	1컵	150	우유	1컵	200

3 장

한식의 식재료

쉽고 맛있는 한식요리

요리명인과 함께하는 한식 클래스

3장

한식의 식재료

한국 음식은 일반적으로 밥을 주식으로 하고, 국과 반찬을 부식으로 곁들여 먹는다. 즉 쌀, 보리, 콩, 팥 등의 곡류로 밥을 짓고, 채소로 국을 만들고, 채소, 육류, 어패류 등을 사용하여 여러 가지 조리법으로 찬품을 만들어 먹는다.

이러한 한국 음식을 만드는데 사용하는 식재료는 곡류, 채소류, 과실류, 육류, 어패류, 해조류, 양념류로 분류할 수 있다.

1. 곡류

우리나라의 곡류 중에는 쌀 · 찹쌀을 미곡, 보리 · 밀 · 호밀 · 귀리 등을 맥(麥), 조 · 피 · 기장 · 수수 · 옥수수 · 메밀 등을 잡곡으로 구분하고 있다. 여기에서 오곡밥에 들어가는 오곡은 쌀 · 보리 · 조 · 콩 · 기장을 말한다.

1) 쌀

우리나라 쌀의 품종은 다양하며 일본 나고야에서 개발된 아키바레 품종이 1960년대 들어왔는데 가장 밥맛이 좋다고 하는데, 여러 산지에서 재배되고 있다. 쌀은 멥쌀과 찹쌀로 나뉘며, 멥쌀은 반투명하고 찹쌀은 유백색을 띤다. 도정 정도에 따라 백미, 9분 도미, 7분 도미, 현미 등으로 나뉜다. 즉, 도정 정도가 높을수록 쌀의 색은 희고 밥을 지었을 때 부드럽지만, 도정을 할수록 외피의 안쪽과 배아에 함유된 무기질, 비타민 등이 많이 깎여 영양분의 손실이 크다.

2) 보리

보리에는 겉보리와 쌀보리가 있는데 낟알에 홈이 있어 쌀과 같이 깨끗이 도정이 되지 않아 섬유소가 덜 벗겨져서 쌀보다 비타민이나 회분이 많다. 백미에 다른 잡곡과 함께 섞어 혼식하면 비타민이나 무기질 등의 영양분이 보충되어 건강에 좋다.

3) 밀

밀가루 반죽을 하면 밀가루 단백질 중 글리아딘, 글루테닌이 서로 엉겨서 글루텐을 형성하여 점탄성을 나타낸다. 밀은 쌀보다 단백질의 함량은 많지만, 양질의 단백질 식품인 달걀, 우유, 콩가루 등을 첨가하여 먹으면 좋다.

4) 조

조는 차조와 메조가 있으며 식용으로는 주로 차조를 사용한다. 밥이나 죽, 엿, 소주의 원료로 쓰인다.

5) 수수

수수는 단백질과 지방이 많으며, 한국에서는 아기의 백일이나 돌에 수수팥떡을 만드는 풍습이 있다.

6) 팥

팥의 붉은 빛깔에 귀신을 쫓는 힘이 있다고 해서 고사를 지낼 때는 붉은팥 시루떡을 만들어 먹으며, 동짓날에는 팥죽을 쑤는 전통이 있다. 떡의 소나 고물 등의 재료로도 다양하게 사용한다.

7) 콩

콩은 색에 따라 흰콩, 누런 콩, 밤콩, 검은콩 등으로 분류되며 두부, 두유, 콩나물, 콩가루, 된장, 간장, 청국장 등의 다양한 가공 형태로 사용된다. 콩은 가장 안심하고 먹을 수 있는 좋은 식품 중 한 가지로써 우수한 단백질 공급원이다.

8) 녹두

녹두의 주성분은 전분이고, 단백질이 함유되어 있으며 향미가 좋다. 싹을 내어 숙주나물을 만들고 불려서 갈아 빈대떡을 부치고, 알곡을 쌀에 섞어 녹두죽이나 밥을 짓는 한편 떡고물로도 쓰이며, 차와 술을 빚기도 한다.

2. 채소류

한식 요리에서 필요로 하는 다양한 채소는 다양하게 음식이 개발되고 있기 때문에 모든 요리에서 사용되고 있다. 일반적으로 채소를 분류할 때는 이용하는 채소의 부위에 따라서 분류하는데, 채소의 잎을 주로 먹는 잎채소, 식물의 뿌리 부분을 먹는 뿌리채소, 열매채소 등이 있다.

1) 잎채소

상추, 양상추, 배추, 시금치, 깻잎, 쑥갓, 갓 등 식물의 부위 가운데 잎을 사용하는 채소로 수분 함량이 많고 비타민 무기질의 중요한 공급원이다. 샐러드에 있어 가장 기본이 되는 야채류가 바로 엽채류이다.

(1) 잎상추

우리나라서 널리 재배하여 즐겨 먹는 상추로 깻잎과 함께 쌈 채소로 고기와 함께 싸서 많이 먹는다. 맛이 달달하고 아삭하여 샐러드, 겉절이 등 한식요리는 물론 모든 요리에 사용한다.

(2) 양상추

통상추라고도 하는데, 우리나라에 해방 이후 미군들이 들어온 후에 군납용으로 재배하면서 널리 퍼졌다. 샐러드용으로 가장 많이 이용되는데, 수분이 많으며, 탄수화물, 비타민 C 등이 함유되어 있다.

(3) 배추

김치의 주재료로 가장 많이 쓰이고 그 외에 국, 겉절이, 쌈 등에 이용한다. 단백질, 비타민 C, 무기질이 풍부하다.

(4) 시금치

나물과 된장국으로 이용한다. 비타민 C · K · B_1 · B_2, 철분, 칼슘을 함유하고 있다.

(5) 쑥갓

특유의 향이 좋아 상추쌈에 곁들이거나 나물, 매운탕, 전골에 이용한다. 비타민 B_2, 칼슘, 철분, 카로틴 등을 함유하고 있다.

(6) 어린 채소잎

일반 채소보다 비타민과 미네랄 성분이 다량 함유되어 있으며, 샐러드 및 모든 음식의 가니쉬, 디스 플레이를 보기 좋게 장식할 때 많이 사용하고 있다.

2) 줄기채소

식물의 줄기를 식용으로 사용하는 채소로 수분과 섬유소의 함량이 높고 단백질 함량은 낮다. 미나리, 부추, 대파, 실파 등이 대표적이다.

(1) 미나리

상큼한 맛과 향이 있어 살짝 데쳐서 나물을 하거나 부침개, 매운탕, 연포탕, 찌개 등에 사용한다, 주로 줄기를 많이 사용하는데, 전주 8미 중의 하나로 미니리김치가 유명하다. 알카리성 식품인 미나리는 각종 비타민과 무기질, 섬유질이 풍부해 해독작용과 혈액 정화, 이뇨작용, 장의 운동을 촉진시켜 준다.

(2) 부추

비타민과 미네랄이 풍부해 면역력 강화, 알리신 성분이 풍부하여혈압 조절에 도움이 되며, 소화 촉진 효능이 있다. 주로 생채나 무침, 부침, 등에 많이 이용한다.

(3) 대파

삼국시대 이전부터 우리나라에 재배하였다고 하는데, 영양가는 흰 부분보다 파란 부분에 많 DKTJ한식요리에 가장 많이 쓰인다. 주로 다지거나 채 썰어 양념으로 이용하며, 육수, 김치, 육개장 요리에 넣으면 훨씬 시원해져서 맛을 향상시켜 준다. 서양요리에서는 흰 부분을 많이 쓰고 푸른 부분은 사용을 안 한다. 비타민 A · B_2, C · K, 칼슘이 다량 함유되어 있다.

(4) 실파

생김새가 실처럼 아주 가느다랗다고 하여 붙여진 명칭이다. 뿌리 부분을 제외하고는 쪽파와 모양이 비슷한데, 실파는 일자 모양이고, 쪽파는 뿌리 부분이 동그란 것이 다르다. 주로 양념에 혼합하거나 음식의 고명에 많이 사용한다.

(5) 콩나물

아스파라긴산이 풍부해 체내 알코올 분해와 배출을 도와줘 숙취해소에 탁월하다. 또한 섬유질이 풍부해 장운동을 촉진시켜 주며 여성 호르몬과 유사한 역할을 하는 이슬라본 성분이 다량 함유되어 있어 여성에게 더욱 좋다.

(6) 숙주나물

녹두의 어린 싹으로 섬유질이 많고 비타민 B_2가 풍부해 다이어트에 효과가 있다. 또한 아스파라긴산 성분이 있어 숙취해소, 노화방지에도 탁월한 효과가 있는 채소이다.

(7) 무순

무순은 무에 함유되어 있는 성분보다 약 10배 정도의 성분이 함유되어 있어 새싹을 '영양의 보고'라고 칭한다. 특히 디아스타제라는 소화 효소가 포함되어 있어 소화능력이 약한 사람이 먹으면 좋은 채소이다.

3) 뿌리 채소

땅속에서 자라는 식물의 뿌리를 이용하는 채소로 이러한 식물은 일반적으로 잠재 에너지를 뿌리 부위에 많이 저장하고 있다. 무, 양파, 마, 생강, 당근, 우엉, 연근, 토란, 도라지, 고구마, 감자 등이 대표적이다. 특히 양파, 마늘, 생강은 모든 음식에 기본양념으로 사용된다.

(1) 무

재래종인 조선무와 단무지를 담그는 왜무가 있는데, 굵고 수분이 많아서 시원하고 단맛이 있다. 육수, 찜, 조림, 생채, 숙채, 장아찌, 생선찌개, 매운탕

등에 이용되며 비타민 C · K, 칼륨, 식이섬유가 풍부하다. 디아스타제라는 소화 효소가 포함되어 있어 소화능력이 약한 사람이 먹으면 좋은 채소이다.

(2) 양파

양파는 모든 음식에 가장 많이 사용하는 우리 몸의 정상적인 기능 유지에 필수적인 재료이다. 매운 맛을 내는 알리신 성분은 항균 작용, 퀘르세틴 성분은 항산화 작용에 뛰어나서 고혈압 예방, 혈당 조절, 노화 방지, 콜레스트롤 저하 등 효과가 있다.

(3) 마

마에는 뮤신 성분이 함유되어 신경활동을 원활하게 만들어 주어 기억력 향상과 불면증, 스트레스 해소에 효능이 있으며, 소화촉진, 피부미용, 혈당조절, 피로회복에 좋다.

(4) 생강

특유의 알싸한 맛과 강한 향이 나는 생강은 양념이나 소스, 음식의 잡내 제거에 주로 많이 사용한다. 매운 맛을 내는 진저롤 성분과 쇼가올 성분은 호흡기, 감기 및 기관지염, 면역력 증강, 소화 촉진, 냉증에 효능이 있다.

(5) 당근

당근의 베타카로틴 성분은 체내 흡수 시 비타민 A로 전환되어 시력보호, 면역력 강화, 피부 노화 방지, 소화 개선에 효과가 있다.

(6) 우엉

우엉은 달콤하면서도 약간 쓴 독특한 맛과 향이 있는 영양소를 함유하고 있다. 특히 식이섬유, 비타민 C, 칼륨이 함유되어 있어 소화 촉진, 변비 예방, 항산화 효과, 혈액 순환에 효과가 있다.

(7) 연근

아삭한 식감의 가을 채소하면 연근이 제철인데, 탄닌과 철분이 풍부해 지혈 효과가 뛰어나다. 특히 연근의 탄닌 성분은 염증을 가라앉히는 소염작용을 해 구내염, 위궤양에 효과가 있다.

(8) 고구마

고구마는 맛있고 영양가가 풍부한 음식으로 칼로리가 높지만 식이섬유 함량이 높아 다이어트에 도움이 되며, 변비 예방, 피부 미용 효과가 있다.

4) 열매 채소

오이, 홍고추, 풋고추, 청양고추, 꽈리고추, 가지, 호박, 파프리카 등이 대표적이다.

(1) 오이

오이는 성질이 차고 맛이 달며 갈증 해소와 건강에 좋은 채소로 비타민 C가 다량 함유되어 있다. 다이어트, 피부 건강, 소화 촉진, 항산화 효과, 혈당 조절 효과가 있다.

(2) 홍고추

고추는 우리 식탁에서 없어서는 안 될 필수적인 채소이다. 특히 비타민 C, 캡사이신, 베타카로틴 등 영양소가 풍부해 면역력 강화, 항산화 작용, 통증 완화, 항암 효과에 도움을 주는 효과가 있다.

(3) 가지

가지는 낮은 칼로리와 높은 영양가로 잘 알려진 채소로서 주로 볶음 요리에 사용하고 있다. 항산화 물질인 나스신 성분을 함유하고 있어 항산화 효과, 비타민 C와 칼륨 성분 함유의 심혈관 및 콜레스테롤 조절 효과, 체내 독소 제거, 피부 건강에 도움을 준다.

(4) 애호박

자연이 낳은 소화제라고도 불리우는 애호박은 손상된 위 점막을 회복해 주는 비타민 A와 염증 억제에 좋은 비타민 E가 다량 함유되어 있다. 또한 항산화성분인 베타카로틴이 풍부해 노화를 방지하고, 암세포의 생상과 증식을 억제해 주는 효과가 있다.

(5) 파프리카

비타민 C, A, 칼륨, 식이섬유가 풍부하여 면역력 강화, 피부 건강 개선, 면역력 강화, 혈압조절, 소화 기능 개선 효과가 있다.

5) 버섯(Mushrooms)

고대 그리스와 로마인들은 버섯의 맛을 즐겨 '신의 식품'이라고 극찬하였으며, 중국인들은 불로장수의 영약으로 진중하게 이용하였다. 버섯은 영양성분이 높고 저칼로리 식품으로 혈액 속의 콜레스테롤 수치를 낮춰주고 각종 성인병 예방과 암 예방에 효능이 탁월하다. 근래에는 버섯의 영양가와 약용가치가 점차 밝혀짐에 따라 그 수요도 증가하고 있다.

(1) 새송이버섯

두꺼운 흰 줄기와 갈색 모자가 특징인 새송이 버섯은 베타글루칸 성분이 함유되어 면역력 강화와 불용성 식이섬유 다량 함유로 변비 개선과 장 건강에 도움이 된다.

(2) 표고버섯

표고버섯에는 베타글루칸 성분이 풍부하게 함유되어 면역력 강화, 항암 효과, 심혈관 개선, 항산화 작용 효능이 있다.

(3) 느타리버섯

감칠맛이 나는 느타리버섯은 식물성 식이섬유, 비타민 D가 풍부하게 함유되어 형중 콜레스테롤 수치 감소, 혈액순환 촉진에 도움을 준다.

(4) 석이버섯

절벽 위 검은 보물로 불리는 석이버섯은 1년에 1mm 정도만 자라는데, 항산화 작용, 혈관질환 등 피를 맑게 해주는 효능이 있다.

3. 육류

예로부터 농경 문화권이었던 우리나라는 소고기나 돼지고기, 닭고기 등의 육류는 매우 귀한 식재료였다. 주로 왕실이나 반가에서 구이, 찜, 편육 등의 형태로 조리했으며, 부위에 따라 다양한 조리법이 발달한 만큼 육류의 각 부위별 특징을 알아두는 것이 중요하다.

1) 소고기

한식에서 가장 많이 쓰이는 고기이다. 단백질, 비타민 B군, 철분 등 각종 영양소가 고르게 들어 있고, 맛이 좋다. 품종, 성별, 연령 및 부위에 따라 고기의 품질과 맛에 큰 차이가 있다. 표면에 서리와 같은 마블링이 고루 퍼져 있는 것을 최상급으로 친다. 소고기 음식은 재료의 품질과 신선도가 중요하지만 무엇보다 각 부위에 따른 알맞은 조리법을 사용하는 것이 맛을 살리는 비결이다.

2) 돼지고기

구이, 찜, 편육, 조림, 볶음 등 돼지고기 또한 부위에 따라 다양한 조리법이 발달하였다. 육질이 연하고 감칠맛이 있는 돼지고기는 제육볶음, 돼지갈비찜 등 매운 양념과 어우러진 음식이 많고, 김치찌개나 김치볶음밥처럼 칼칼하고 매운 김치와 궁합 또한 뛰어나다. 특히 삼겹살구이는 한국인이 즐겨 먹는 매우 대중적인 음식 중 하나이다.

3) 닭고기

닭고기는 비교적 지방이 적고 소화 흡수가 좋은 단백질 식품으로 삼계탕, 백숙 등 대표적인 여름 보양식 찜닭, 칼국수, 닭죽 요리에 많이 사용한다.

4. 수산물

우리나라는 삼면이 바다로 접해 있어 연근해에서 어획하는 수산물인 어류와 갑각류, 조개류, 해조류는 중요한 단백질 식품으로 다양하게 많이 이용해 왔다. 주로 고등어, 명태, 오징어, 새우, 꽃게, 갈치, 대구, 멸치, 조기, 전복, 바지락, 홍합, 굴, 조개, 김, 미역, 다시마, 파래, 톳 등이 모두 잡히거나 난다. 최근에는 기후 온난화로 인한 이상 기후 변화에 따라 수산물 어획량이 감소하고 있는 추세이다. 주로 구이, 조림, 탕, 찜으로 조리해서 찬품에 많이 사용한다.

4장

요리명인의 한식 클래스

쉽고 맛있는 한식요리

요리명인과 함께하는 한식 클래스

1. 박효남 요리명장 클래스

대한민국 요리명장 **박효남**

現 대한민국 요리명장
세종사이버대학교 조리산업경영학과 교수
前 밀레니엄서울힐튼호텔 총주방장 상무
프랑스 농업공로 훈장
대통령 표창

요리업계의 작은 거장, 전설, 외국인들의 전유물처럼 여겨졌던 외국계 체인호텔인 밀레니엄서울힐튼호텔의 최연소 총주방장 조리상무, 대한민국 요리명장 박효남 그에게 따라 붙는 수식어는 너무 많이 있다.

강원도에서 태어나 어린 시절 가난하게 생활하면서 목표와 꿈을 실현하기 위해 남다른 노력을 많이 하여 훌륭하게 성공할 수 있었던 것은 남들보다 몇 배 공부하고 노력한 끝에 조리 자격증을 취득하여 첫 직장으로 그랜드 하얏트서울호텔에 주방보조로 입사를 하여 한 걸음 한 걸음 자신의 꿈을 키워 나갔다. 남보다 2시간 먼저 출근하고 2시간 늦게 퇴근하며 그날 그날 메모한 조리법으로 음식을 만들어 보면서 실력을 쌓아 나갔다.

박효남 요리명장이 만든 음식이 맛있는 이유는 항상 최선을 다하는 마음과 정성을 다하는 자세, 그리고 어머니의 지극한 사랑이 조화롭게 버무려져 맛을 내기 때문이라고 한다. 그는 자신을 바라보는 후배들에게 이렇게 전한다. "부모님께서 지어준 이름 석 자의 깊은 뜻을 잊지 말고 인성이나 실력을 갖춘 셰프, 많은 사람들의 기억 속에 남는 영원한 셰프가 되길."

저자는 박효남 대한민국 요리명장과 오랜 인연을 갖고 있다. 밀레니엄서울힐튼호텔에서 오랜 시간 함께 근무하면서 많은 요리를 배웠다. 나의 참스승이자 존경하는 분이시다. 지금까지 남다른 애정으로 늘 많은 조언을 해주신다. 평생 늘 감사할 따름이다.

캐비어 생굴찜

캐비어 생굴찜 4인분

Ingredients

생굴 8개, **캐비어** 10g, **달걀** 1개, **참치액** 20ml, **설탕** 1작은술, **완두순** 4개, **맛술** 1/2작은술, **물** 1컵

How to make

1 달걀은 노른자 흰자를 거품기로 곱게 챈다

2 ①에 맛술, 참치액, 미림을 넣고 잘 저은 후 물을 넣는다.

3 ②의 달걀을 고운채로 거른다.

4 볼에 ③의 달걀 물을 약 2/3 정도 채운 후 뚜경을 덮어서 중탕 찜기에 12분 정도 찐다.

5 달걀찜에 생굴을 올려서 뚜경을 덮은 후 2분 정도 찐다.

6 달걀찜이 완성되면 캐비어를 굴 위에 올리고 완두순으로 장식한다.

Story

누벨 퀴진(nouvelle cuisine)이란 '새로운 요리'라는 뜻으로 음식이 산뜻하고 가벼운 맛을 중시하고, 식재료도 채소와 어류를 적극 사용하며 기존의 요리보다 건강을 중시한 요리라고 이해하면 된다.

새우 겨자채

새우 겨자채 4인분

Ingredients

새우 중하 8마리, **연겨자** 1큰술, **마요네즈** 60ml, **다진 양파** 20g, **설탕** 10g, **2배 식초** 2큰술, **생률** 2개, **레디쉬** 1개, **치커리잎** 2장, **팝콘 파우더** 2큰술, **올리브 오일** 3큰술, **연겨자** 1큰술, **오레지 주스** 2큰술, **설탕** 1작은술, **완두순** 4개, **달짝이 토마토** 4개, **삶은 달걀** 1/2개, **마이크로 스포이드** 4개

How to make

1 새우는 내장을 제거하고 물에 데쳐서 반으로 자른다.

2 생률은 얇게 채 썬다.

3 달걀은 완숙으로 삶아서 노른자와 흰자를 곱게 슬라이스 한다.

4 분량의 마요네즈, 양파, 연겨자, 식초, 설탕을 함께 혼합하여 연겨자 소스를 만든다.

5 ④의 소스에 새우, 계란, 생율을 넣고 살살 섞어 준다.

6 방울토마토는 위 부분을 자른 후 속을 파낸 후 치커리 잎을 넣고, 5의 새우 겨자채를 보기 좋게 올린다.

7 연겨자, 식초, 오렌지 주스, 올리브 오일을 혼합하여 스포이드에 채운다.

8 달짝이 토마토에 채운 새우 겨자채를 올려서 스포이드를 꼽고 팝콘 파우더를 뿌려준다.

Story

탱글한 새우살과 달콤하고 신선한 토마토의 식감이 절묘하게 어우러지는 비주얼 스타일의 요리로 레디쉬, 생률을 길게 채 썰어 올려 낸다. 사이사이 골고루 스며든 겨자 소스와의 궁합이 환상적이다.

연어 백김치 말이

연어 백김치 말이 4인분

Ingredients

연어 200g, **백김치잎** 8장, **초생강** 30g, **버터** 100g, **유자** 1개, **다시마 육수** 200ml, **간장** 1큰술, **비트** 20g, **완두순** 4개

How to make

1 연어는 소금 후추로 간을 한다

2 간을 한 연어를 백김치 잎으로 말아 준다.

3 2의 말은 연어 백김치를 찜기에 약 5~6분 정도 찐다.

4 다시마 육수에 초생강 간장을 넣고 졸인 후 버터를 넣는다.

5 접시에 연어를 담고 ④의 소스에 유자즙을 넣고 뿌려준다.

6 연어위에 곱게 채를 썬 비트를 올린 후 완두순으로 장식한다.

Point

완두순 대신 무순으로 대체해도 무방하다.

Story

1. 백김치는 고려 시대 그 당시에는 고추가 한반도에 들어오기 전이었기 때문에, 대부분의 김치가 지금의 백김치와 유사한 형태였다. 조선 시대에 이르러 고추가 보편화되면서 붉은 김치가 주류를 이루게 되었다.
2. 이러한 백김치는 순한 맛과 깔끔한 식감으로 한식뿐만 아니라 양식에도 잘 어울리기 때문에 백김치를 연어에 말아서 만든 대한민국 요리명장의 창의적인 요리이다.

단새우 파전

단새우 파전 4인분

Ingredients

쪽파 50g, **부침가루** 100g, 감자전분 4g, **물** 1/2컵, **단새우** 20g, **마늘** 2g, **생강** 1g, **참기름** 1g, **후춧가루** 1g, **감자전분** 4g, **식용유** 60ml, **달걀** 1개

초간장 만들기

초간장 비율 = 물 1 : 간장 1 : 식초 0.5 : 설탕 0.25

How to make

1 쪽파는 흰 부분이 두꺼우면 반으로 잘라서 썰고, 파란 부분은 적당한 길이로 가늘게 채 썬다.

2 마늘과 생강은 곱게 다진다.

3 파전 반죽을 만들어서 쪽파, 다진 마늘, 생강을 넣고 잘 섞어 준다.

4 팬에 식용유를 두르고 온도가 맞춰지면 반죽을 가운데 붓고, 그 위에 단새우를 얹고 얇게 바삭하게 부쳐 준다.

5 파전을 부치면서 살살 돌려주고, 뒤집어 주면서 부쳐준다.

6 색깔이 나게 부쳐졌으면 원하는 크기로 썰어서 보기좋게 접시에 담아서 완성한다.

Story

단새우는 고급 새우로 제철인 가을에만 바다에서 잡히는데, 신선하고 고소한 맛과 쫄깃한 식감이 일품이며 달아서 단새우라고 한다.

2. 이종임 요리연구가 클래스

요리연구가 **이종임**

現 Scook청담요리학원 원장
대한민국 조리기능장
한국YWCA연합회 복지사업단 이사장
사) 대한식문화연구원 이사장
前 한식진흥원 이사
한 · 태평양 도서국 정상회의 오만찬 자문위원
한 · 아프리카 정상회의 오만찬 자문위원

한식의 대가로 널리 알려진 요리연구가 이종임 원장은 음식에 대한 전문적인 식견과 조리 있는 언변으로 다양한 미디어와 강의를 통해 한국 음식을 제대로 알리고 한식의 세계화에 이바지 해왔다.

수도요리학원과 수도조리전문학교를 설립하신 어머니인 하숙정으로 시작하여 박보경이 함께 3代로 이어진 60년의 한국음식 명가의 자부심을 갖고 한국요리를 이끌어온 요리연구가로써 활동하고 있다.

1981년 첫 컬라 TV에 MBC TV에서 '오늘의 요리' 프로그램을 진행해 우리나라에 본격적인 요리 방송 시대를 열어 스타쉐프로 활동했으며, 2000년 노르웨이에서 김대중 대통령 노벨평화상 수상 축하 만찬에서 한국음식을 알렸으며, 2010년에는 미국 드럭셀대학에 한식학과 개설을 위한 프로그램 개발과 교육을 담당했고, 2016년 한식진흥원의 한식문화관에서 1년간 외국인을 위한 한식 강의를 진행했다.

최근에는 EBS TV의 최고의 요리비결, MBN TV의 알토란을 통해 요리 고수만이 만들 수 있는 새로운 건강 음식들을 소개하고 있다.

오이 간장 비빔국수

오이 간장 비빔국수 2인분

Ingredients

소면 200g, **오이** 1개, **소금** 1/2작은술, **식용유** 1작은술, **간 소고기** 100g, **구운 김** 1장, **통깨** 약간

비빔장 만들기

간장 3큰술, **다진 파** 2큰술, **다진 마늘** 2작은술, **깨소금** 1큰술, **참기름** 1큰술, **설탕** 1작은술

How to make

1 오이는 2mm 두께 정도로 얇께 동글납작하게 썰어서 소금을 뿌려서 10분 정도 절인 후 물기를 꽉 짜준다.

2 비빔장 재료를 모두 넣고 잘 섞어서 고기를 넣고 조물조물 해 주면서 잘 섞어준다.

3 달궈진 팬에 식용유를 약간 두르고 파릇하고 아삭하게 오이를 볶아 준다. 이때 식용유는 최대한 적게 넣고 볶아 준다.

4 달궈진 팬에 식용유를 약간 두르고 간소고기도 덩어리를 풀어주면서 복아 준다.

5 냄비에 물을 넣고 끓여서 소면을 삶아서 찬물에 식혀서 물기를 빼준다.

6 삶은 소면에 비빔장을 넣고 고루 비벼준다.

7 접시에 비빈 소면, 볶은 오이와 소고기, 김가루, 깨소금을 보기 좋게 놓고 완성한다.

Point

1. 끓는 물에 소면을 삶을 때 거품이 넘쳐오를 때 찬물을 조금 부어주면 면이 퍼지지 않고 잘 삶아 진다.
2. 삶은 면은 찬물에 여러번 비벼 주면서 뿌연 물이 없어질 때까지 헹궈야 좋다.

Story

궁중에서 먹었던 골동면을 이종임 스타일로 재해석하여 오이와 고기 볶음을 넣어 간장 소스에 버무린 전통식 비빔국수이다.

한국식 냉우동

한국식 냉우동 2인분

Ingredients

우동면 250g, **오이** 50g, **당근** 15g, **꼬들 단무지** 20g, **실파** 2줄기, **무즙** 1큰술, **김가루** 2큰술, **통깨** 1작은술

국물 만들기

생수 1/2컵, **만능간장** 4큰술, **무즙** 1큰술, **깨소금** 2작은술

만능간장 만들기

양조간장 2컵, **채수** 2컵, **맛술(청주)** 1/2컵, **갈색 쌀조청** 1/2컵, **가쓰오부시** 2컵(참치액 2큰술), **레몬** 1개

① 냄비에 간장과 채수, 맛술, 조청,레몬을 넣고 한소끔 끓으면 불을 끄고 가스오부시(또는 참치액)을 넣고 식힌다.

② 고운 체에 면포를 갈고 걸러 병에 담아 냉장고에 보관하여 사용한다.

채수 만들기

물 1ℓ, 양파 1/2개, 대파 1/2대, 건표고버섯 3개, 다시마 3장, 건홍고추 1개, 마늘 5쪽

① 양파와 대파는 적당한 크기로 썰어서 팬에 갈색이 나게 굽는다.

② 냄비에 물을 붓고 위의 재료를 모두 넣고 끓여서 채에 거른다.

How to make

1 우동 면은 끓는 물에 1분 정도 삶아서 얼음 물에 헹궈 물기를 제거한다.

2 오이와 당근, 꼬들 단무지는 잘게 채설고 실파는 송송 썬다.

3 생수에 만능간장, 무즙, 깨소금을 석어 국물을 만들어 차게 식혀 준다.

4 그릇에 우동 면을 담고 오이, 당근, 고들 단무지를 보기 좋게 올려 놓는다.

5 국물을 붓고 실파, 통깨, 김가루를 뿌려서 완성한다.

Point

기호에 따라서 고추냉이를 약간 곁들여도 좋다.

떡국

떡국 4인분

Ingredients

떡국떡 1kg, **물** 10컵(2ℓ), **다진 소고기** 150g, **양파** 1/2개, **대파** 1대, **다시마** 2장, **다진마늘** 1큰술, **달걀** 2개, **국간장** 3큰술, **김가루, 깨소금** 약간

고기양념 만들기

국간장 1큰술, **다진 마늘** 1작은술, **후추가루**

How to make

1 떡국떡은 물에 한 번 씻은 후 물에 담궈 놓는다.

2 다진 소고기는 양념을 한다.

3 양파와 대파는 적당한 크기로 썰어 놓는다. 이때 떡국에 넣을 약간의 대파는 송송 썰어 놓는다.

4 냄비에 양념한 소고기와 양파, 대파를 넣고 볶은 후 다시마와 물을 넣고 20분 정도 끓여준다.

5 양파와 대파, 다시마를 건져 낸다. 이때 거품도 걷어낸다.

6 물에 불려 놓은 떡국떡, 썬 대파을 넣고 달걀을 풀어 넣는다.

7 국간장으로 간을 하여 떡국을 담아서 김가루와 깨소금을 올려서 완성한다.

Story

1. 맑은 장국에 가래떡을 얇게 썰어 넣고 끓인 음식으로 설날에 먹는 절식의 하나이다. 본래 '떡'은 아무나 아무 때나 먹을 수 있는 음식이 아니었는데, 설날에 떡국을 먹는 풍속이 언제부터 시작되었는지 알 수 없다.
2. 설날의 떡국은 지금은 쇠고기나 닭고기로도 끓이지만 옛날에는 꿩 고기로 많이 하였다. 떡가래의 모양에도 각별한 의미가 있는데, 시루에 찌는 떡을 길게 늘려 가래로 뽑는 것에는 재산이 쭉쭉 늘어나라는 축복의 의미를 담고 있고, 가래떡을 둥글게 써는 이유는 둥근 모양이 엽전의 모양과 같아 그 해의 재화가 충분히 공급되기를 바라는 기원이 담겨 있다.
3. 설날 음식에 얽힌 속담 중에 "꿩 대신 닭"이라는 속담이 있는데, 이는 '떡국'에서 유래된 것으로 떡국에 쇠고기, 꿩고기가 쓰였으나, 꿩을 구하기가 힘들면 대신 닭은 사용하는 경우가 많았다고 한다.

탕평채

탕평채 4인분

Ingredients

청포묵 250g, **소고기(우둔살)** 80g, **숙주** 80g, **미나리** 80g, **김가루** 2큰술, **홍고추** 1/2개, **깨소금** 1/2큰술, **달걀** 1개, **초간장**

소고기양념장 만들기

간장 1작은술, **원당** 1/2큰술, **다진 파** 1작은술, **다진 마늘** 1/2작은술, **깨소금** 1/2작은술, **참기름** 1/2작은술, **후추** 약간

초간장 만들기

양조간장 1큰술, **식초** 1큰술, **원당(매실청)** 1큰술, **깨소금** 2작은술

양념

소금 1/2작은술, **참기름** 1/2작은술

How to make

1 청포묵은 3mm 두께로 채 썰어 준다.

2 미나리는 5cm 길이로 썰어 준다.

3 숙주는 지저분한 머리와 꼬리를 떼어 다듬어 준다.

4 소고기는 결대로 4cm 길이로 가늘게 채 썰어서 소고기 양념장을 넣고 조물조물 무쳐서 재워 두었다 팬에 볶아서 식혀준다.

5 끓는 물에 청포묵을 넣고 1분 정도 데친다. 이때 청포묵이 투명해 지면 채에 건져서 물기를 빼서 소금과 참기름을 넣고 버무려서 밑 간을 해 놓는다.

6 끓는 물에 숙주를 1분 정도 데친 후 채에 건져서 물기를 빼준다.

7 미나리는 아삭하게 살짝 데쳐서 찬물에 헹궈서 물기를 빼준다. 왜냐하면 미나리는 생으로도 먹어도 되고, 푸른 색감을 더 좋기 때문이다.

8 홍고추는 씨를 제거하고 채를 썬다.

9 황 · 백색 지단을 부친다.

10 믹싱볼에 청포묵, 소고기, 숙주, 미나리, 홍고추채, 김가루, 깨소금을 넣고 초간장으로 살살 무쳐서 접시에 보기 좋게 담아서 완성한다.

Point

1. 탕평채는 초간장을 넣고 미리 버무려 놓으면 변색이나 물이 생기기 때문에 먹기 전에 버무려야 좋다.
2. 초간장은 양조간장 : 식초 : 원당의 양을 1 : 1 : 1 비율로 한다.
3. 탕평채는 봄철의 음식으로 신선한 녹두묵에 채소를 곁들여 만든 음식이다.
4. 푸른색은 미나리, 흰색은 숙주, 검은색은 김으로 만든다.

Story

1. 탕평채는 음력 3월 봄철의 입맛을 살리는 별미로 묵청포라고도 한다.
2. 조선 시대(18C) 세시풍속을 기록한 경도잡지, 동국세시기 등에 음력 3월에 탕평채를 먹었다는 기록이 있는 것으로 보아 조선시대부터 봄철의 시절 음식으로 즐겼음을 알 수 있다.
3. 조선 후기 21대 임금인 영조는 당파가 아닌, 인물 위주로 인재를 등용하겠다는 의지를 담아 탕평책(蕩平菜)을 정책으로 삼았는데, 이 탕평책을 논하는 자리에 진상한 음식이 탕평채이다.
4. 탕평채는 어느 한쪽으로의 치우침이 없이 조화와 화합을 의미하는 대표적인 음식이다.

모둠전

모둠전 4인분

Ingredients

달걀 3개, **생표고버섯** 4개, **간소고기** 150g, **두부(부침용)** 75g(1/4모), **양파** 1/8개, **당근** 15g, **실파** 2뿌리, **깻잎** 5장, **풋고추** 4개, **쑥갓** 약간, **중하 새우** 5마리, **동태포** 5쪽, **깨소금** 1/2큰술, **설탕** 1/2작은술, **밀가루** 1/4컵, **후추가루** 약간

초간장 만들기

다진 마늘 1큰술, **참기름** 1/2큰술, **양조간장** 1큰술, **식초** 1작은술, **레몬 슬라이스** 1쪽, **잣소금** 1/2작은술

How to make

[깻잎전]

1 깻잎은 깨끗이 씻어서 꼭지 부분을 자른다.

2 고운채로 깻잎 뒷쪽에 밀가루를 뿌려준다.

3 소고기 완자를 깻잎의 반 정도 얇고 납작하게 소를 채워서 맞붙여 준다.

4 ③에 밀가루를 뿌려준다.

[고추전]

1 고추 꼭지는 손으로 따서 휘어진 쪽으로 반을 가른 후 시를 털어서 준비해 놓는다.

2 고운채로 고추 안쪽에 밀가루를 뿌려준다.

3 소고기 완자를 ②에 수평이 되게 소를 채운다.

[표고전]

1 크기가 작은 표고버섯으로 준비하여 가운데 부분에 열십자 모양으로 칼집을 넣어 준다.

2 표고버섯이 부드럽게 끓는 물에 넣고 앞 뒤로 뒤집어 주면서 살짝 데쳐준다.

3 손으로 살짝 누르고 키친타올로 눌러서 물기를 제거 후 고운 채로 버섯 안쪽에 밀가루를 뿌려준다.

4 소고기 완자를 ③에 수평이 되게 소를 채운다.

[새우전]

1 새우는 머리를 떼고 껍질을 벗긴 후 내장을 제거해 준다.

2 고운 채로 새우에 밀가루를 뿌려준다.

[완자전]

1 두부는 소창에 넣고 꽉 짜서 물기를 제거해 준다.

2 간 소고기에 두부를 넣고 다진 마늘을 넣고 소금, 후추, 깨소금, 참기름을 넣고 잘 섞어준다.

3 2에 다진 양파와 당근, 대파를 넣고 조물조물 잘 섞어서 밤알 크기로 동그랗게 굴려서 만든 후 납작하게 만든다.

전 부치기

1. 달걀은 노른자와 흰자를 잘 풀어서 고운채에 거른다.
2. 코팅 팬에 식용유를 두르고 깻잎전, 고추전, 표고버섯전, 새우전, 동태전을 풀어 놓은 달걀을 묻혀서 색깔이 보기 좋게 붙여서 초간장을 곁들여서 완성한다.

Point

소고기 대신 돼지고기에 두부를 넣고 대체하여 사용해도 무방하다.

Story

1. 잣소금이란 잣을 곱게 다진 것을 말한다.
2. 전은 육류나 생선 채소 등의 재료를 자유롭게 선택하여 쌀가루나 밀가루, 달걀을 풀어 옷을 입힌 다음 번철에 기름을 둘러 지져낸 음식으로 고유 이름은 전유화로 전유어라 부른다.
3. 전은 그 소재에 따라 육류, 생선류, 패류, 채소류로 분류되며 두릅전, 버섯전, 파전, 화전, 국화전 등이 있다.

3. 장용섭 요리명인 클래스

호텔요리의 명인 **장용섭**

現 인천 파라다이스시티 총주방장 겸 F&B 총괄 상무
前 신라호텔 총주방장
밀레니엄 서울힐튼호텔 쉐프

요리의 철학은 기본 자세와 마음, 최고가 되려는 욕심, 정성을 꼽는다. 그리고 동료와 선배의 조언을 경청하고 노력을 아끼지 말아야 한다고 강조한다.

오랜 특급호텔 경력 중 큰 전환점이 되었던 신라호텔 총주방장 임명으로 세계 각지의 요리를 창의적으로 재해석한 수준 높은 미식을 고객의 입맛을 사로잡을 수 있도록 소개하여 화제를 모았다.

양식, 한식에 정통할 뿐만 아니라 최고의 메뉴를 구성하는 능력을 갖추어 제철 식재료를 활용한 다양한 프로모션을 진행하는 등 차별화된 미식 경험을 선사하기 위해 노력하였다. 특히 세계 정상의 만찬 기획부터 해외 한식 프로모션을 다수 진행하여 한식의 세계화 발전에 기여했다.

갑오징어 된장물회

갑오징어 된장물회 4인분

Ingredients

갑오징어 100g, **전복** 100g, **미나리** 20g, **사과** 20g, **오이** 10g, **소금** 1꼬집

물회 소스 만들기

생수 360ml, **된장** 80g, **설탕** 40g, **초고추장** 40g, **배** 80g, **마늘** 5g, **참깨** 5g, **꿀** 5g, **참기름** 5g, **고운 고춧가루** 2g

How to make

1. 갑오징어는 손질하여 안쪽에 칼집을 넣고, 후라이팬에 익힌 후 저며서 썰어 준다.
2. 전복은 2시간 찜기에 찌고 식혀서 저며서 썰어 준다.
3. 미나리는 씻어서 2.5cm 길이로 썬다.
4. 사과는 껍질을 벗겨서 2.5cm 길이의 작은 막대 모양으로 썬다.
5. 오이는 껍질을 벗긴 후 2.5cm 길이의 작은 막대 모양으로 썬다.
6. 오목한 접기에 갑오징어, 전복, 사과, 오이 순으로 보기 좋게 올려 놓는다.
7. 물회 소스를 뿌려서 제공하거나 소스 용기에 물회 소스를 담아서 고객 앞에서 직접 뿌려 준다.

Point

1꼬집은 엄지손가락과 검지손가락 끝으로 가볍게 잡을 정도를 기준으로 의미하는데, 0.2g을 말한다.

육전

육전 4인분

Ingredients

소고기(채끝, 홍두깨살) 120g, **찹쌀가루** 1작은술, **부침가루** 1작은술, **달걀** 1개, **대파** 20g, **영양부추** 10g, **소금** 2g, **후춧가루** 1꼬집, **식용유** 적당량, **키친타올**

육전 양념장 만들기

간장 2큰술, **설탕** 2큰술, **다진 마늘** 1큰술, **다진 파** 1큰술, **후춧가루** 1/4작은술, **통깨** 1큰술, **맛술** 1큰술, **참기름** 1/2큰술

분량의 재료를 넣어서 고기를 재어 준비한다.

파채 & 초간장 만들기

파채 = 채친 파, 영양부추

초간장 비율 = 물 1 : 간장 1 : 식초 0.5 : 설탕 0.25

How to make

1 육전용 소고기를 30g×3장으로 잘라서 키친 타올을 깔고 올려놓은 후, 다시 키친타올을 덮은 후 살짝 눌러서 핏물을 제거하여 준비해 놓는다.

2 달걀을 풀어 놓고, 찹쌀가루와 부침가루를 혼합하여 준비해 놓는다.

3 육전 양념장을 만들어 1의 고기를 재어 놓는다.

4 대파는 양념용을 뺀 나머지는 파채 무침용으로 잘게 채로 썰고, 영양부추는 파채 길이로 썰어서 찬물에 담궈 물기를 제거하여 준비한다.

5 3의 고기를 건져서 찹쌀가루와 부침가루를 입히고, 다시 계란물을 입혀서 예열된 팬에 부친다.

6 부친 육전을 건져서 보기 좋게 자른 후 접시에 담아서 가장자리에 파채 무침을 놓고 초간장을 곁들여서 제공한다.

Point

1. 육전은 크게 두 가지로 나눌 수 있다. 돼지고기 육전과 소고기 육전으로 나뉘는데 밀가루 대신 찹쌀가루로 대체하여 사용하면 바삭해서 좋다.
2. 홍고추나 청고추(청양고추, 풋고추)를 얇게 어슷 썰어서 고명으로 올려서 부치면 노란색과 잘 어울린다.

Story

1. 육전은 고기를 얇게 썰어 달걀물과 밀가루를 입혀서 구운 요리로서 명태전이나 해물전 대신 고기를 사용한 부침개이다.
2. 육전은 원래 황해도에서 전래되어 조선중기부터는 차례상, 기제사 등 제사상에 빠져서는 안 될 필수품으로 자리 잡게 되었다는 설이 정설로 알려지고 있다.
3. 평안도식 육전은 삼겹살이나 돼지 부속고기를 사용하였으며, 전라도 지역에서는 주로 한우를 사용하여 달걀 물에 부추를 넣어 부쳐 즐겨 먹었다.
4. 경상도 지역에서는 명절 음식인 소고기 찌짐이가 있는데, 특히 진주에서는 육전을 가늘게 썰어서 냉면에 고명으로 사용한다.

구절판

구절판 4인분

Ingredients

소고기(우둔) 90g, **전복** 90g, **게살** 90g, **새송이버섯** 90g, **오이** 90g, **당근** 90g, **애호박** 90g, **녹두나물** 90g, **식용유** 10ml

소고기 간장양념 소스

간장 500ml, **물** 150ml, **설탕** 300g, **배** 150g, **양파** 120g, **마늘** 50g, **생강** 2g, **후춧가루** 2g

버섯 간장양념 소스

간장 100ml, **물(만능 육수)** 100ml, **설탕** 50g, **식초** 50ml

밀전병 만들기

밀가루 50g, **찬물(둥글레차 또는 녹차)** 150ml, **소금** 2g

① 믹싱 볼에 밀가루, 찬물, 소금을 넣고 잘 섞어서 채에 내려 전병 반죽을 만들어 준비한다. 이때 물로 농도를 잘 조절해 준다.

② 약불 팬에 식용유를 약간 두르고 반죽을 한 숟가락씩 떠서 바깥쪽으로 둥글게 향하도록 얇게 잘 펴주면서 윗면이 익으면 가장자리를 잘 뒤집어 꺼내서 식혀준다.

겨자장 만들기

겨자가루 30g, **물(60℃)** 300ml, **식초** 140ml, **설탕** 80g, **소금** 15g, **레몬즙** 1작은술

■1차 → 겨자 1 : 물 2 = 겨자 30g : 물 60ml

① 겨자가루에 뜨거운 물을 붓고 잘 섞은 후 랩을 씌워서 50℃ 온도에서 1시간 이상 두어 쓴맛이 빠지도록 숙성시킨다. 이때 숙성 시간이 길면 더 좋다.

② 숙성시킨 겨자에 70℃ 온도의 물을 붓고 30분간 우려낸 후 물을 버려 떫은 맛을 제거해 준다.

■2차 → 따뜻한 물(60℃) 300ml, 식초 140ml, 설탕 80g, 소금, 레몬즙

① 분량의 재료를 혼합하여 식초물을 만든다.

② 1차로 만들어 놓은 숙성시킨 겨자를 적당량 넣고 응어리가 없도록 잘 섞어 준다.

How to make

1 소고기는 4cm 길이로 가늘게 채 썰어 소고기 간장 양념 소스에 묻혀서 볶아 준다.

2 전복은 2시간 찜기에 쪄서 식힌 후 4cm 길이로 채 썬다.

3 대게 살은 다리 살만 곱게 찢어서 준비한다.

4 새송이버섯은 4cm 길이로 채 썰어 버섯 간장 양념 소스에 묻혀서 볶아 준다.

5 오이는 4cm 길이로 토막으로 썰어서 돌려 깍기 한 후 겹쳐서 가늘게 채 썰어 준다. 이때 오이의 초록 부분은 단단하므로 하얀 부분보다 조금 더 얇게 돌려 깍아 준다.

6 당근은 4cm 길이로 썰어서 가늘게 채 썬 후 끓는 물에 데쳐서 간을 하여 볶아 준다.

7 나머지 채소들도 4cm 길이로 채 썰어 소금으로 간을 하여 약간 절인 후 물에 헹구어 물기를 짜서 참기름 넣고 볶아 준다.

8 접시 중앙에 밀전병을 놓고 준비한 재료를 보기 좋게 둥글게 돌려 담아서 겨자장을 곁들여서 완성한다.

Story

구절판(九折坂)은 밀가루 반죽으로 부친 전병에 싸서 먹을 수 있는 여러 가지 채소, 표고버섯, 전복, 해삼, 소고기 등 8가지를 겨자장이나 초간장에 찍어 먹는 궁중음식을 말한다.

여러 가지 종류의 재료를 이용하여 만들어도 무방하다.

채소를 볶을 때 바로 먹을려면 기름에 볶고, 모양을 내고 싶으면 식용유 없이 채소의 수분으로 볶아주면 좋다.

삼색 밀전병을 만들고 싶으면 부추, 당근, 비트를 각각 잘게 썰어서 믹서기에 곱게 간 후, 고운 채에 걸러서 색깔을 낸다.

조리법은 1930년대 이후의 문헌인 '조선요리법', '조선요리학', '이조궁정요리통고'에 기록되어 있으며, 그 이전의 문헌에는 보이지 않는다.

골동면

골동면 4인분

Ingredients

국수 400g, **애호박** 1개, **오이** 1개, **양파** 100g, **건표고버섯** 3개, **소고기(우둔)** 100g, **달걀** 1개, **소금** 1작은술

비빔 양념장 만들기

천리장 2 : 매실액 2 : 진간장 1 : 설탕 약간

How to make

1 오이는 반으로 길게 잘라서 너무 얇지 않게 어슷하게 썰어서 소금을 약간 뿌려서 절여준다.

2 애호박은 4~5cm로 썰어서 돌려 깍기하여 씨를 제거하고 곱게 채 썬 후, 소금에 살짝 절여서 다진파, 마늘을 넣고 볶아 준다.

3 양파는 가늘게 채 썰어 얼음물에 담갔다 건져 낸다.

4 건표고버섯은 가늘게 채 썰어 양념장을 넣고 볶아 준다.

5 소고기는 곱게 채 썰어 양념장을 넣고 볶아 준다.

6 비빔 양념장을 비율로 맞추어 만들어 준다.

7 국수를 삶아서 그릇에 준비한 재료와 함께 보기 좋게 담아서 완성한다.

Point

1. 오이 1개당 소금 1작은술(5g)을 뿌린 후 물 1/2컵을 부어서 오이를 절여준다.
2. 건표고버섯과 소고기를 볶을 때 넣은 양념장은 불고기 양념장을 말한다.

양념장 만들기 간장 1큰술, 설탕 1/2큰술, 다진파 2작은술, 마늘 1작은술, 깨소금, 참기름, 후추 약간

Story

1. 골동면(骨董麪)은 궁중에서 먹었던 음식으로 메밀국수에 소고기, 표고버섯, 배, 밤, 채소 등 여러 가지 재료를 넣어 간장 양념에 비벼 먹는 비빔국수를 말한다.
2. 1905년 9월 20일 고종황제가 최초로 서양 여성(엘리스 루스벨트)을 경운궁에 초대하여 황세자인 순종과 함께 원형 식탁에서 오찬으로 먹은 음식이 골동면이였다고 한다.
3. 천리장(千里醬)은 파평윤씨 가문의 300년 전통 내림장으로 천리길을 들고 가도 상하지 않는다고 의미로 소고기를 말려서 빻아서 가루로 만들어 조선간장을 넣고 끓인 감칠맛이 나는 구수한 전통 장을 말한다.

4. 유인자 음식명인 클래스

전주음식 명인 **유인자**

現 전주음식 한정식 명인
한식예술장인
전주 한정식 궁 대표

7남매 중 다섯째로 태어나 어린 시절부터 요리에 관심이 많았던 유인자 명인은 4대가 함께 살고 있는 종갓집으로 시집을 와서 시할머니 때부터 내려오는 음식을 토대로 끼니때마다 어른들의 식사 준비를 해왔다. 음식 솜씨와 손재주가 많았던 외할머니와 친정어머니의 영향을 받아서인지 음식 솜씨가 좋아서 평생 한식과 함께 하고 있다.

'음식은 정성이다'하시면서 고명 하나도 정성껏 하시는 시어머니한테 손맛을 잇고, 궁중음식 기능보유자였던 故황혜성 선생에게 궁중음식을 사사하면서 전주음식의 가치를 다시 한번 깨닫게 된다. 특히 "궁중음식은 좋은 재료로 재료 본연의 맛을 살리면서 먹기 좋게 섬세하고 정성껏 만드는 것이 특징"이라며 좋은 식재료를 사용하는 것은 기본이며, 정성을 다하여 음식을 만들어야 한다고 강조하고 있다.

맛의 고장 전주의 전통음식과 한식의 정수로 꼽히는 궁중음식을 조화롭게 접목시켜 2000년 전주 중화산동에 한정식 궁(宮)을 처음으로 열어 현재는 효자동으로 이전하여 전주한정식의 격식과 예의, 색과 맛, 상차림의 품위까지 바르게 알리고 있다.

녹두 타락죽

녹두 타락죽 10인분

Ingredients

불린 멥쌀 2/3컵, **불린 녹두** 1/3컵, **물** 3컵, **우유** 4컵, **잣** 3개

How to make

1 멥쌀과 녹두는 물에 불려준다.

2 불린 멥쌀과 녹두를 물기를 빼고 믹서기에 넣고 물을 부어서 아주 곱게 갈아준다.

3 ②를 고운 채에 걸러준다. 이때 믹서기에 묻어있는 멥쌀과 녹두에 남은 물을 부어서 헹궈 준다.

4 냄비에 ③을 붓고 우유를 나누어 넣어 주면서 멍울이 없게 주걱으로 저어주면서 끓여 준다.

5 죽 그릇에 녹주 타락죽을 담아서 잣으로 고명하여 완성한다.

사전 준비

1. 시중에서 판매하고 있는 깐녹두는 껍질이 조금 붙어 있는데, 6시간 정도 물에 불려서 손으로 조물조물 껍질을 벗기고 물을 부어 여러 번 일어준다.
2. 물에 불린 녹두가 손으로 눌렀을 때 쉽게 으깨지면 잘 불린 것이다.

Point

1. 타락죽은 불린 멥쌀 1컵, 물 3컵, 우유 4컵으로 만드는 것이 일반적이다.
2. 타락죽은 원래 소금 간을 안하는데, 기호에 따라서 소금이나 꿀로 간을 해도 무방하다.
3. 일반적으로 죽은 주재료에 물과 우유의 양이 6배, 7배를 넣어 6배죽, 7배죽이라도 부른다.
4. 밤이나 들깨, 단호박 등을 이용해도 된다.
5. 타락(駝酪)은 몽골어로 토라크(Torak)에서 나온 말로 말린 우유를 뜻한다.

Story

조선 시대 왕들의 보양식 타락죽은 말린 우유인 '타락'과 함께 쌀을 갈아 끓인 대표적인 궁중 보양식 죽으로 '우유죽'이라고도 불린다. 젖소가 우리나라에 들어온 시기는 1902년으로 그 전까지 우유는 소가 송아지를 낳았을때만 잠시 구할 수 있는 귀한 식재료로 타락색이란 관청을 두어 송아지를 낳은 어미 소의 젖을 왕실에 공급하였다. 타락죽이라는 것은 약으로 사용할 정도로 귀하게 사용하였다. 이러한 타락죽은 '궁'의 대표적인 죽이다.

단호박 밀쌈

단호박 밀쌈 4인분

Ingredients

소고기(우둔살) 120g, **불린 표고버섯** 4개, **오이** 1개, **무** 100g, **당근** 1/2개, **적양배추** 100g, **달걀** 2개

간장 양념장

간장 1큰술, **설탕** 1작은술, **다진 파** 1작은술, **다진 마늘** 1작은술, **참기름** 1작은술, **후추** 약간

밀전병 만들기

으깬 단호박 50g, **밀가루** 150g, **물** 210ml, **꽃소금** 약간, **식용유** 1/2작은술, **잣가루** 적당량

① 단호박은 껍질과 씨를 제거하고 얇게 썰어 찜통에 찐 후 곱게 으깨어 준다.

② 믹싱 볼에 으깬 단호박, 밀가루, 물, 꽃소금, 식용유를 넣고 잘 섞어서 채에 내려 전병 반죽을 만들어 준다. 이때 물로 농도를 잘 조절해 준다.

③ 예열된 팬에 식용유를 약간 두르고 약불에 반죽을 한 숟가락씩 떠서 바깥쪽으로 둥글게 향하게 얇게 잘 펴주면서 윗면이 마르면 뒤집어 익힌 후 꺼내서 식혀준다.

겨자장 만들기

겨자가루 100g, **물** 250ml, **식초** 250ml, **설탕** 250g, **꽃소금** 13g, **맛술** 150ml, **물엿** 50g

① 겨자가루에 뜨거운 물을 붓고 잘 섞은 후 랩을 씌워서 30분 이상 숙성을 시킨다. 이때 숙성 시간이 길면 더 좋다.

② 숙성시킨 겨자에 70℃ 온도의 물을 붓고 30분간 우려낸 후 물을 버려 떫은 맛을 제거해 준다.

③ 물, 식초, 설탕, 소금, 맛술, 물엿을 넣고 잘 섞어서 응어리가 없도록 체에 내려 준비한다.

How to make

1 소고기는 키친 타올로 핏물을 제거해 주고, 건 표고버섯은 찬물에 불려서 물기를 꽉 짜서 4~5cm 길이로 곱게 채 썰어 간장 양념장에 조물조물 섞어서 재워둔다.

2 오이는 4~5cm 길이로 돌려 깍아서 곱게 채 썬다.

3 당근과 무는 4~5cm 길이로 곱게 채 썬다.

4 달군 팬에 식용유를 약간 두르고 소고기와 표고버섯을 볶아 준다.

5 오이, 무, 당근, 적양배추를 숨이 죽을 때까지 잘 볶아 준다.

6 밀전병과 겨자장을 만들어 준비한다.

7 접시에 단호박 밀전병, 볶은 소고기와 표고버섯, 오이, 무, 당근, 적양배추를 보기 좋게 놓고 겨자장을 곁들여서 완성한다.

Point

1. 겨자장은 쓴맛은 제거하고 특유의 매운 맛이 있어야 본래의 전통 겨자장이 된다. 겨자를 숙성할 때 온도가 너무 높으면 쓴맛과 매운 맛이 증발되고, 온도가 너무 낮으면 숙성 시간이 너무 오래 걸려거나 숙성이 잘 안될 수 있다. 요리 경험이 많은 사람들마다 숙성방법에 차이가 있으므로 요즘은 겨자 숙성을 안하고 양겨자를 이용해서 겨자 소스를 만들어 사용하고 있다.
2. 연겨자 소스를 만들려면 연겨자 3큰술, 식초 7큰술, 설탕 5큰술, 소금 1큰술을 넣고 잘 섞어서 사용한다.
3. 오이와 애호박을 돌려 깍을 때에는 초록 부분은 단단하므로 속의 하얀 부분보다 두께를 얇게 깎아 준다.
4. 팬에 오이와 애호박, 당근, 무, 양파를 볶을 때에는 식용유의 양을 적게 넣어야 느끼하지 않고 맛이 깔끔해 진다.
5. 밀전병은 반죽의 농도를 잘 맞추어 주고, 약불에서 전병을 익혀 줘야 한다.
6. 밀전병을 만들때에는 후라이 팬에 식용유를 붓고 키친타올로 닦아 주고, 팬에 기름기가 없어야 한다.

Story

단호박 밀쌈은 궁중음식 구절판을 재해석하여 메뉴개발 한 전주한정식 궁의 대표적인 시그니처 메뉴로 다양한 종류의 계절 채소를 이용하여 만들고 있다.

해물파전

해물파전 4인분

Ingredients

쪽파 100g, **오징어** 1/4마리(125g), **새우살** 50g, **홍합살** 50g, **양파** 50g, **홍고추** 1개, **풋고추** 1개, **밀가루** 3/4컵, **참기름** 1작은술, **식용유** 3큰술

반죽 만들기

밀가루 1컵, **물** 1$\frac{1}{4}$컵, **달걀** 1개, **소금** 2g

양념장 만들기

진간장 2큰술, **식초** 1큰술, **물** 1큰술

How to make

1 쪽파는 잘 다듬어서 원하는 크기로 자르고, 홍고추와 풋고추는 씨를 제거하여 얇게 썰고 양파는 채를 썬다.

2 오징어, 새우살은 손질을 하여 참기름, 소금, 후추를 넣고 밑간을 한다.

3 밀가루에 달걀을 넣어 반죽을 한다.

4 중불로 예열된 팬에 식용유를 두르고 반죽을 먼저 밑에 약간 부어준다. 왜냐하면 쪽파가 타거나 파전의 모양이 안 좋기 때문이다.

5 분량의 쪽파와 오징어, 새우, 홍합, 고추 순으로 재료를 얹고 반죽을 붓고 둘러 주면서 모양을 보기 좋게 만들어 주면서 노릇하게 부친다.

6 파전의 한쪽 면이 익었으면 뒤집어서 노릇하게 잘 부쳐준다.

7 그릇에 부친 해물파전을 놓고 양념장을 곁들여서 완성한다.

Point

1. 기호에 따라서 풋고추 대신 청양고추를 사용하면 좋다.
2. 밀가루는 중력 밀가루가 적당하며, 부침가루를 사용하면 파전을 질감이 바삭해서 더 좋다.

홍어 삼합

홍어 삼합 4인분

Ingredients

돼지 삼겹살 180g, **홍어** 100g, **묵은 김치** 80g, **새우젓** 1/2큰술, **초고추장** 2큰술

수육 만들기

양파 1/4개, **대파** 1/2대, **마늘** 5쪽, **생강** 1/2톨, **청양고추** 2개, **월계수 잎** 1장, **검정 통후추** 1작은술
다시마 1장, **소주** 적당량

냄비에 분량의 재료를 모두 넣고 강불에서 끓인 후 삼겹살을 넣고 익을 때까지 30분 정도 삶아준다.

홍어 부위별 분리

1. 홍어의 배를 갈라서 홍어애를 자른다. 이때 홍어애에 붙어 있는 쓸개를 조심스럽게 잘 제거하고 내장을 제거한다.
2. 홍어의 입과 볼살의 경계를 칼로 자르고 아가미를 제거하여 홍어입을 분라해 준다.
3. 홍어꼬리와 날개를 분리한다. 이때 날개를 분리할 때 코를 같이 분리해 준다.
4. 부위별로 분리가 되면 찬물에 깨끗하게 여러 번 씻어준다.
5. 날개 부위를 적당한 크기로 자른 후 날개 끝부분을 칼로 살짝 칼집을 넣고 목장갑이나 밴지를 이용하여 날개의 껍질을 잡아 당겨 주면서 벗겨 준다.
6. 몸통(꼬리, 머리, 입, 뱃살, 등살) 부위도 칼집을 내서 껍질을 벗겨 준다.

홍어 삭히는 방법

1. 옹기 항아리에 나무로 받침을 깔고, 짚을 꽈서 넣는다. 짚을 넣어야 물기가 스며들고 습기제거와 따뜻한 온기가 내주어서 적정온도를 내 주어서 숙성이 되기 때문이다.
2. 짚 위에 홍어를 올려주면서 겹겹이 홍어와 짚을 깔고 마지막에 짚을 덮어준다.
3. 햇빛이 없는 서늘한 곳에서 10일~15일 정도 숙성을 시킨다.

How to make

1 삶은 삼겹살 편육을 꺼내서 3mm 정도의 적당한 두께로 얇게 썰어 준다.

2 홍어도 적당한 두께로 얇게 썰어 준다.

3 접시에 썰어 놓은 삼겹살과 홍어를 보기 좋게 놓고, 새우젓과 초고추장을 곁들여서 완성한다.

Point

1. 삼겹살을 삶을 때 된장을 약간 넣으면 잡냄새 제거와 수육의 맛을 증진 시킬 수 있다.
2. 기호에 따라서 풋고추 대신 청양고추를 사용하면 좋다.

Story

1. 홍어 삼합(三合)은 삭힌 홍어에 돼지 삼겹살로 만든 수육과 함께 묵은 김치에 싸먹는 음식을 말한다.
2. 홍어는 시간이 지나도 상하지 않는 이유는 홍어가 발효되면서 몸 안에 있던 요소가 암모니아로 활발하게 분해되고, 산도가 급격히 증가한다. 이 과정에서 대장균이나 식중독균 등 부패세균이 사라지고 몸에 좋은 성분들만 남게 되는 것이다. 발효과정에서 생기는 암모니아가 홍어 특유의 톡 쏘는 향과 맛을 내게 한다.

5장

나의 한식 클래스

쉽고 맛있는 한식요리

요리명인과 함께하는 한식 클래스

호텔 쉐프의 전설 민계홍

現 전주대학교 외식산업조리학과 교수
前 밀레니엄 서울힐튼호텔 쉐프
그랜드힐튼호텔 조리팀장
국제한식조리학교 교장

특급호텔 실무현장 16년, 교육현장 23년 음식에 관심이 많고 좋아해서 시작을 하였다. 글로벌 체인호텔의 꽃이라고 할 수 있는 밀레니엄 서울힐튼호텔은 훌륭한 쉐프로 거듭날 수 있도록 동기부여와 자부심을 일깨워 준 직장이였다. 정말 열정을 가지고 늘 최선을 다하여 조리 분야에서 최고가 되겠다는 마음으로 열심히 일했다.

이제는 음식이라는 것이 하나의 문화로 자리잡고 있는 시대이다. 문화를 향유할 수 있는 가장 손쉬운 방법은 그 나라의 음식을 먹는 것이란 말처럼 오랜 생활방식과 문화, 철학, 시대상을 담고 있다. 우리가 누구와 무엇을 언제 그리고 어떻게 먹는지에 우리의 삶이 고스란히 반영되고 있기에 음식을 배우고, 알린다는 것은 문화를 배우고 알리는 것과 같다.

평소 모든 일에 최선을 다하되 하늘의 뜻을 기다린다는 생각을 인생관으로 삼고 최선을 다하려고 한다. "진정한 노력과 열정으로 흘린 땀은 배신하지 않는다"라는 인생의 작은 철학을 가지고 있다.

제 경험에 의하면 음식이라는 것은 알면 알수록 어려운 것이 한식이며, 음식을 만드는 사람이 너무 번거롭거나 재료가 많이 들어가면 더 어려운 것이다. 그렇지만 시대는 변해도 변하지 않는 것은 음식이며, 이러한 한식을 보다 누구나 쉽고 맛있게 만들 수 있도록 부족하지만 잘 알리고, 인정받길 바라는 마음이다.

전주 비빔밥

전주 돌솥비빔밥

전주 비빔밥 4인분

Ingredients

불린 쌀 420g, **사골육수** 4½컵(소뼈육수 가능), **소고기 우둔살** 100g(육회용), **콩나물** 160g, **미나리** 60g, **애호박** 80g, **도라지** 40g, **표고버섯** 60g, **무** 80g, **오이** 40g, **황포묵** 60g, **고추장** 100g, **조선간장** 1작은술, **다진 마늘** 2작은술, **다진 생강** 1/8작은술, **참기름** 1½작은술, **식용유** 3큰술, **고춧가루** 1/2작은술, **소금** 2큰술

비빔밥 고명

다시마 튀각 15g, **은행** 8알, **깨소금** 2/3큰술, **잣** 16알, **밤** 1개, **대추** 1/2개, **계란** 4개

소고기 육회

간장(조선간장) 1작은술, **청주** 1작은술, **참기름** 1작은술, **깨소금** 1/2작은술, **다진 마늘** 1/2작은술, **설탕** 약간

How to make

1 쌀을 씻어서 사골육수로 약간 되직하고 고슬하게 밥을 짓는다.

2 소고기 육회는 분량의 양념으로 무친다.

3 콩나물과 미나리는 끓는 물에 살짝 데쳐 찬물에 헹구어 미나리는 일정한 길이로 잘라 물기를 뺀 후 분량의 양념(다진 마늘 2/3작은술, 참기름 1작은술, 깨소금 1/2작은술, 소금 1/2작은술)으로 무친다.

4 애호박은 채썰어 소금에 절였다가 물기를 짜고, 도라지는 가늘게 찢어 소금을 넣고 주물러 씻은 후 분량의 양념(다진 마늘, 소금)을 넣고 무쳐서 팬에 식용유를 두르고 살짝 볶는다.

5 고사리는 찬물에 1~2시간 불린 후, 줄기가 연해질 때까지 삶은 다음 손가락 두마디 길이로 썰어 양념(다진 마늘 1/2작은술, 참기름 1/2작은술, 깨소금 1/2작은술, 청장 1작은술)을 넣고 무쳐서 팬에 볶는다.

6 건표고버섯은 물에 불려 물기를 빼고, 채 썰어 분량의 양념(청장 1작은술, 다진마늘 1/2작은술, 참기름 1/2작은술, 깨소금 1/2작은술)을 넣고 볶는다.

7 무는 손가락 길이로 채썰어 분량의 양념(고춧가루 1/2작은술, 다진마늘 1/4작은술, 생강 1/8작은술, 소금 1/3작은술)을 넣고 고춧가루를 넣고 무친다.

8 오이는 어슷썰기하고, 당근은 5cm 길이로 곱게 채썰어 소금을 약간 뿌려서 팬에 식용유를 두르고 살짝 볶아 놓는다.

9 황포묵은 얇게 썰고 달걀은 황백지단을 부쳐 곱게 채 썰고, 다시마 튀각을 튀겨 잘게 잘라놓는다.

10 그릇에 뼈 국물로 지은 밥을 담고, 그 위에 재료들을 신선로형으로 보기 좋게 얹고, 가운데에 육회를 얹고, 고추장을 얹는다.

11 육회의 중심 위에 달걀 노른자를 올려 놓고, 은행, 잣, 밤, 다시마 튀각, 대추, 깨소금으로 모양있게 장식하여 약한 불에 올려 꼬득꼬득 소리가 나면 내어서 따뜻하게 낸다.

Story

1. 전주비빔밥은 조선3대 음식 중 하나로 비빔밥의 유래는 궁중음식설, 음복설, 묵은 음식처리설, 농번기음식설 등 여러 가지가 있으나 궁증음식설에 더 가깝게 발달한 것으로 보이며, 궁증음식에서 서민음식으로 전래되었다. 비빔밥이 처음으로 언급된 문헌은 1800년대 말 '시의전서'로 골동반으로 표기하고 있는데 여러 가지 물건을 한데 섞은 것을 말한다. 그러므로 골동반은 이미 지어 놓은 밥에다 여러 가지 찬을 섞어서 한데 비빈 것을 의미한다.
2. 전주 비빔밥은 젓가락으로 비벼야 좋을까? 숟가락으로 비벼야 좋을까? 비빔밥에는 밥과 여러 가지 나물, 고추장이 들어 있으므로 양념이 골고루 비벼지려면 숟가락으로 치대면서 재료가 잘 섞이고 고추장이 잘 스며들 수 있도록 하려면 숟가락으로 비비는 것이 좋다고 전주음식 명인분들은 말한다.
3. 전주 비빔밥에는 오방색이 들어 있다. 그 오방백을 맞춰서 조화롭게 만드는데, 그것을 베틀에서 베를 짜듯이 밥을 '짠다'고 한다. 다시 말하면 비빔밥을 만든다고 안하고 비빔밥을 짠다고 한다.
4. 전주 비빔밥 전문점마다 음식의 맛과 형태에서 차이가 있다. 대표적인 비빔밥 전문점으로는 가족회관, 고궁, 갑기회관, 성미당, 한국집, 한 관이 있다. 그러나 필자의 생각은 비빔밥 전문점의 옛 명성이 퇴색되어 가고 있다. 왜냐하면 비빔밥 명인들이 연로하여 직접 음식을 만들 수 없기 때문이다.

죽순 전복밥

죽순 전복밥 2인분

Ingredients

멥쌀 1컵(150g), **찹쌀** 1컵(150g), **물** 300ml, **죽순(삶은 죽순)** 200g, **전복살** 200g(생전복 400g), **불린 표고버섯** 80g, **은행** 10알, **미나리** 70g

양념 만들기

진간장 1/2큰술, **다진파** 1큰술, **다진 마늘** 1/2큰술, **매실청** 1작은술, **들기름** 2큰술, **후추가루** 약간

양념장 만들기

진간장 2큰술, **다진 쪽파** 3큰술, **데친 숙주채** 1/2컵, **다진 마늘** 1/2큰술, **매실청** 1큰술, **배즙** 3큰술, **풋고추채** 2개, **홍고추채** 1/2개, **참기름** 1큰술, **깨소금** 1큰술

How to make

1 손질한 죽순과 전목, 불린 표고버섯은 1.5×1.5cm로 썬다.

2 멥쌀과 찹쌀은 깨끗이 씻어 30분 정도 불린다.

3 팬에 죽순, 전복, 표고버섯을 양념의 반으로 볶는다.

4 남은 양념으로 쌀을 볶은 후 솥에 모두 넣고 밥을 한다.

5 껍질 벗긴 은행을 넣는다.

6 완성된 밥에 쫑쫑썬 미나리를 넣어 고루 섞어준 후 양념장을 곁들여서 완성한다.

Point

1. 일반적으로 밥 한공기의 무게는 큰 공기로 약 300g이며, 작은 공기는 210g이다.
2. 1인분의 쌀 무게는 150g이며, 100g의 쌀 무게로 밥을 짓게 되면 약 150g~200g 정도의 밥 무게가 된다.
3. 은행 껍질 벗기는 방법 : 뜨겁게 달구진 팬에 소금, 식용유를 넣고 타지 않게 파랗게 볶는다.

백화반

백화반 4인분

Ingredients

쌀 2컵, **도라지** 120g, **더덕** 120g, **무** 200g, **숙주나물** 200g, **청포묵** 100g, **밤** 3개

양념장 만들기

다진 파 1큰술, **다진 마늘** 1/2큰술, **생강즙** 1/3작은술, **참기름** 1큰술, **소금** 약간

How to make

1 쌀은 깨끗이 씻어서 30분 정도 불린 후 밥을 꼬들꼬들하게 짓는다.

2 도라지는 껍질을 벗기고 5cm 길이로 썰어 채 썬 뒤 소금물에 넣고 주물러 쓴맛을 뺀다.

3 더덕, 무는 껍질을 벗겨서 5cm 길이로 채 썬다.

4 숙주는 거두절미하여 끓는 물에 데친 뒤 소금, 참기름으로 간을 한다.

5 청포묵은 채 썰어 끓는 물에 살짝 데쳐서 물기를 뺀 뒤, 소금과 참기름을 넣어 간을 한다.

6 채 썬 재료들을 예열된 냄비에 기름을 두르고 볶다가 나물 양념을 넣어 간을 한다.

7 밤은 껍질을 벗겨 곱게 채를 썬다.

8 그릇에 밥을 담고 볶은 나물과 청포묵을 골고루 올리고, 마지막에 밤을 가늘게 채 썰어 고명으로 올린다.

9 된장 비빔장을 곁들여 낸다.(된장 비빔장 참조)

Point

1. 하얗고 부드러운 흰 뿌리 채소를 이용하여 나물로 만든 단백한 맛의 백화반은 거두절미한 콩나물, 우엉, 새송이 버섯 등도 대체 가능하다.
2. 신선한 육회를 올리면 육회 백화반이 된다.

Story

1. 여러 가지 나물이 어우러지면서 오방색을 표현하는 비빔밥. 색 고운 각종 고명이 어우러진 것이 꽃밭 같다 하여 화반(花盤)이라고 불린다.
2. 하얀색 채소로만 나물을 만들어 하얀 나물 비빔밥을 만들고 백화반이라 이름 붙였다.

된장 비빔장 4인분

Ingredients

된장 70g, **고추장** 1작은술, **고춧가루** 1/2작은술, **소고기(우둔)** 50g, 멸치 3개, **청양고추** 1개, **양파** 1개, **생강** 1쪽, **대파** 30g, **다진 마늘** 1/2작은술, **깨소금** 1/2작은술, **참기름** 1/2작은술

소고기 양념 만들기

설탕 1작은술 **다진 파** 1작은술 **다진 마늘** 1/2작은술 **깨소금** 1작은술 **참기름** 1작은술

How to make

1 소고기 우둔을 곱게 다진 후, 양념을 한다.

2 멸치는 머리와 내장을 제거하고 잘 찢어 마른 팬에 살짝 볶는다.

3 양파는 굵게 썬다.

4 볼에 썰어 놓은 양파, 청양고추, 생강, 대파, 마늘, 된장, 고추장, 소고기를 담아 끓는 물에 1시간 중탕한 후 꺼낸다. 이때 중간에 뒤집어서 서로 잘 섞이도록 한다.

Story

조선 말기 옛 가회방(現 종로구 가회동)에 있는 맹현가(조선시대 흥선대원군)에서 만들던 된장쌈장으로 끓이지 않고 오랜 시간 중탕으로 끓여 만든 감칠 맛이 뛰어난 양념장이다.

전주 콩나물국밥

전주 콩나물국밥 4인분

Ingredientss

밥 480g, **콩나물** 400g, **다진 마늘** 1작은술, **새우젓** 1큰술, **달걀** 4개, **일회용 김** 4봉

고명

묵은 김치 80g, **오징어** 120g, **대파** 4큰술

육수 만들기

물 3ℓ, **마른 멸치** 40g, **다시마** 20g, **무** 300g, **양파, 대파, 청양고추** 적당량

① 멸치는 내장을 제거하여 팬에 볶아 주고, 무, 양파, 대파는 적당한 크기로 잘라서 준비해 놓는다.

② 냄비에 분량의 재료를 넣고 강불에서 끓인 후 중불에서 30분 정도 끓여 걸러 육수를 완성한다.

How to make

1 콩나물을 흐르는 물에 깨끗이 씻은 후 끓는 물에 2분 정도 삶은 후 찬물에 담궈 식혀서 건져낸다.

2 고명용 김치는 송송 썰고, 대파는 탕파로 얇게 썬다. 그리고 오징어는 전처리하여 통째로 데쳐서 잘게 썰어 준비해 놓는다.

3 뚝배기에 밥, 삶은 콩나물 순으로 넣은 다음, 썰어 놓은 김치와 대파, 오징어를 얹어서 육수를 붓는다.

4 달걀은 공기 그릇에 담아서 중탕으로 반숙으로 익혀서 새우젓과 김을 함께 곁들여서 완성한다.

수란 맛있게 먹는 법

1. 수란에 국물을 서너개 넣고, 김을 잘게 부수어 섞어서 먹는다.
2. 수란은 국밥에 넣지 말고 콩나물을 적셔 먹어도 좋다.

Point

육수를 만들 때 멸치를 볶는 이유는 육수의 비린내를 제거하기 위함이며, 업소에서는 대량으로 만들기 때문에 멸치를 볶지 않고 넣는 경우도 있다.

Story

1. 전주 콩나물국밥은 한 잔의 모주와 함께 곁들이면 콩나물국밥의 맛을 2% 채워줄 수 있으며, 환상적인 숙취해소에 좋다.
2. 전주의 콩나물국밥 전문점마다 삶은 오징어, 고춧가루, 다진 마늘, 파 등 고명을 얹는 스타일이 다르기 때문에 약간의 차이가 있다.
3. 전주 8미 중의 하나인 콩나물의 아삭한 맛을 느낄 수 있는 펄펄 끓이거나 끓이지 않은 콩나물국밥 두 종류가 있는데, 맛있게 먹는 방법은 "수란에 콩나물국밥의 국물을 서너 숟가락 붓고 김을 잘게 부수어 섞은 후 새우젓으로 간을 하여 먹는다" 김은 반드시 수란에만 넣어야 입맛을 돋우고 부족한 단백질을 보충해 준다.
4. 필자는 23년 전에 36년째 운영하고 있는 '왱이집'의 유대성 대표와의 인연을 이어오고 있다. 왱이집은 당시 보증금 200만 원, 월세 12만 원으로 시작하여 지론 중위 하나인 주인이 음식을 직접 관리하지 않으면 발전이 없으며, 신선한 재료와 정성은 음식의 맛으로 연결이 되기 때문에 지금도 프랜차이즈는 하지 않고 있다. 왱이의 의미는 벌이 한꺼번에 많이 모여들 때 '왱 ~' 하고 소리가 나듯이 손님들이 벌떼처럼 많이 모여 들라고, 손님들로 발길이 북적 북적였으면 하는 바램으로 왱이라고 지었다고 한다. 현재 왱이, 엥이, 욍이, 웽이, 앵이, 왕이는 고유상표를 특허청에 등록하여 특허권자의 허가 없이는 법적으로 사용을 금하게 되어 있다.
5. 전주 최고 왱이집의 콩나물국밥은 전주 남부시장의 토렴식으로 뜨거운 국물에 여러 번 헹구어 내는 방식으로 펄펄 끓여 나오지 않는다. 이유는 콩나물의 아삭한 식감과 흰 밥알, 고명으로 얹은 잘게 썬 오징어의 씹는 맛이 일품이다. 특히 전주에서 최초로 개발이 된 수란과 김은 전주음식의 특별한 전채요리이다. 별다른 조미료가 들어가지 않아도 감칠맛이 나는 것은 멸치와 다시마 등으로 끓인 육수 맛의 비결에 있다.

갱시기

갱시기 2인분

Ingredients

불린 쌀 1컵 400g(쌀 180g), **김치** 200g, **콩나물** 200g, **떡국 떡** 60g, **다진 마늘** 2큰술, **참기름** 1큰술, **간장(조선간장)** 1큰술, **대파** 1/4개, **고춧가루** 1작은술, **김가루** 40g, **깨소금** 1작은술

육수 만들기

물 1.5ℓ 8컵, **멸치** 20g, **다시마** 10g, **대파** 1/2대

20분 정도 끓인 후 고운 채에 걸러 낸다.

How to make

1 쌀은 씻어서 1시간 정도 불려서 물기를 빼준다.

2 김치는 먹기 좋게 송송 썰어 놓는다.

3 콩나물은 깨끗이 씻어서 물기를 빼준다.

4 예열된 냄비에 참기름을 두르고, 불린 쌀을 넣고 1분 정도 볶은 후, 볶은 쌀에 다진 마늘과 썰어 놓은 김치, 고춧가루를 넣는다.

5 육수를 붓고 퍼질 때 까지 10분 정도 끓인다. 육수로 갱시기의 국물을 잘 맞춘다.

6 콩나물과 떡국 떡을 넣고 약 5분간 더 끓여 준다. 이때 김치 국물을 넣으면 간이 되어서 좋다.

Point

1. 육수에 넣는 멸치는 내장을 제거하여 사용한다.
2. 죽의 일종이므로 푹 퍼지게 끓여야 하므로 국물의 농도에 주의한다.
3. 찬밥에 콩나물, 신 김치, 파, 고구마, 감자 등 집에서 쉽게 구할 수 있는 재료를 이용하여 죽처럼 끓여도 좋다.

Story

1. "갱시기"는 6.25 전쟁 이후 먹고살기 힘들었던 보릿고개의 배고픈 시절에 허기를 달래주던 김치콩나물죽으로 경상북도의 향토음식이다.
2. 갱(羹)은 제사상에 올리는 국을 말하는데, 제사를 마친 후 국에다 밥을 넣어 끓여 먹는 음식을 갱식 또는 갱죽, 갱식이라 하며 이것이 변하여 갱시기라 불렸다.

바지락죽

바지락죽 4인분

Ingredients

멥쌀 280g, **바지락 살** 320g, **양파** 80g, **파** 60g, **당근** 40g, **애호박** 100g, **참기름** $1\frac{1}{2}$큰술, **깨소금** 1큰술, **물** 3ℓ, **소금**, **김가루** 60g

How to make

1 쌀은 깨끗이 씻어서 2시간 이상 불려서 준비해 놓는다.

2 바지락 살은 흐르는 물에 깨끗히 씻어 물기를 배 놓는다.

3 양파, 대파, 당근, 애호박은 잘게 썰어 놓는다.

4 냄비를 예열하여 참기름을 두르고 바지락 살을 넣고 볶아준다.

5 잘게 썬 채소와 불린 쌀을 넣고 볶아준다.

6 물을 붓고 끓인 후 약불에서 잘 저어 주면서 죽 상태로 될 때까지 약한 불에서 은근히 끓여준다. 이때 물은 처음부터 모두 넣지 붓지말고 두 번으로 나눠 붓는다.

7 쌀알이 퍼지기 시작하면 소금으로 간을 하여 깨소금, 김가루를 얹어 완성한다.

Point

1. 바지락 살 대신 백합을 사용하면 백합죽이 된다.
2. 국간장으로 간을 해도 좋다.
3. 바지락 비린내 제거법 : 물 2컵, 소금 1/2작은술, 맛술 3큰술
4. 바지락 살을 넣고 한 번만 휑궈 준다. 이때 여러 번 휑구면 단맛과 감칠 맛이 감소된다.

Story

1. 바지락이라는 이름은 호미로 갯벌을 긁을 때 나는 '바지락 바지락' 소리에서 유래되었다고 한다.
2. 동해안 지역에서는 '빤지락', 경남 지역에서는 '반지래기', 인천이나 전라도 지역에서는 '반지락'이라고 부르기도 한다.

버섯수란과 잣죽

버섯수란과 잣죽 4인분

Ingredients

불린 맵쌀 1컵, **잣** 1/2컵, **물** 2컵, **우유** 2컵, **달걀** 4개, **표고버섯** 2개, **소금** 약간

How to make

1 맵쌀은 깨끗이 씻어 3시간 이상 충분히 불려 준다.

2 불린 쌀과 잣을 넣고 곱게 갈아준다. 이때 불린 쌀의 4배 정도 물을 넣어 준다.

3 냄비에 곱게 간 쌀과 잣을 넣고 불린 쌀의 4배 정도의 물을 넣고 끓여 준다.

4 어느 정도 죽이 퍼지면 우유를 넣고 중약불에서 은근히 끓여준다. 이때 오래 끓이면 묽어지므로 농도를 잘 조절해 주고, 먹기 직전에 소금으로 간을 맞추어 준다.

5 달걀은 수란하여 준비하고, 버섯은 얇게 썰어서 볶아 준다.

6 그릇에 잣죽을 담고, 수란과 버섯으로 보기 좋게 고명을 얹어 완성한다.

Point

잣은 넛(Nut) 종류이기 때문에 잣의 가격 상승으로 인하여 넛 종류인 땅콩, 호두, 밤, 캐슈넛, 아몬드 등을 혼합하여 사용해도 가능하다.

Story

1. 우유와 수란이 조화롭게 어우러진 음식으로 고소하고 크리미한 맛과 향이 나서 부드러운 식감을 자극해서 좋다.
2. 잣죽은 뼈와 혈관 건강에 좋고, 두뇌 발달과 소화작용에 좋은 음식이다.

비빔국수

비빔국수 2인분

Ingredients

소면 200g, **잎상추** 8장, **오이** 1/3개, **양파** 1/4개, **배** 1/4개, **달걀** 1개, **통깨** 1큰술, **비빔 양념장**

비빔 양념장

된장 1큰술, **꿀** 1큰술, **조청** 1큰술, **식초** 2큰술, **고운 고춧가루+거친 고춧가루** 1큰술, **고추장** 1스푼, **참기름** 1큰술, **배** 1/2개, **양파** 1/2개, **사과** 1/2개

분량의 모든 재료를 믹서기에 넣고 곱게 갈아준다.

How to make

1 잎상추는 적당한 크기로 썰고, 오이, 양파, 배는 가늘게 채 썰어 준다. 이때 양파는 매운 맛을 제거하기 위해 찬물에 담궈 놓으면 좋다.

2 비빔 양념장을 만들어 준비해 놓는다.

3 달걀은 끓는 물에 삶은 후 찬물에 식혀서 껍질을 까서 준비한다.

4 냄비에 물을 붓고 물이 끓으면 소면을 넣고 삶는다. 이때 물이 끓어 거품이 오르면 찬물을 조금씩 3번 나눠 넣으면 물이 넘치지 않고, 쫄깃한 면의 식감을 느낄 수 있다.

5 찬물에 넣고 여러 번 헹궈 준다. 왜냐하면 삶은 면을 찬물에 비비면서 헹궈야 전분이 제거되고 불지 않아서 면의 탄력이 좋아진다.

6 삶은 소면에 채소, 비빔 양념장을 넣고 고루 버무려서 보기 좋게 그릇에 담는다.

7 채 썬 오이, 삶은 달걀, 통깨를 뿌려서 완성한다.

Point

1. 기호에 따라서 청양고추, 열무김치, 사과 등을 넣고 만들어도 무방하다.
2. 달걀을 완숙으로 삶는 시간은 정확히 12분으로 해야 한다.

Story

1. 소면(素麪)은 면이 얇아서 소면이라고 부르는 것이 아니고, '면발이 하얗다'라는 뜻이다.
2. 여름철에는 동치미 얼음 사리를 약간 넣어 주면 더욱 시원한 맛을 느낄 수 있다.

콩국수

콩국수 1인분

Ingredients

흰콩(백태) 1컵, **생수** 5컵, **소면** 80g, **방울 토마토** 1/2개, **오이** 40g, **달걀** 1/2개, **통깨, 소금** 약간

콩 불리기

방법1. **흰콩은 깨끗이 씻어 물에 담가 반나절 정도 불려 놓는다.**

방법2. **흰콩은 깨끗이 씻어 물에 담가 1시간 정도 불려 놓는다.**

How to make

1 불린 콩(방법1, 방법2)을 냄비에 넣고 방법1은 10분 정도 삶은 후 뜸을 들여서 찬물에 식히거나, 방법2는 콩을 1시간만 불린 후 30~40분 정도 삶아서 찬물에 빠르게 식힌다.

2 삶아서 식힌 콩을 손으로 비벼서 껍질을 벗겨서 물기를 빼준다.

3 믹서기에 콩을 넣고 생수 5컵을 넣고 곱게 갈아준다. 이때 믹서기의 물이 콩보다 2cm 높게 넣고 갈으면 콩과 물의 비율이 알맞은 편이다.

4 방울 토마토와 오이를 채 썰어서 준비해 놓는다.

5 소면을 삶은 후 돌돌 말아서 용기에 담고, 그 위에 방울 토마토와 채 썬 오이, 통깨를 보기 좋게 고명하여 완성한다.

Story

1. 콩물의 농도는 업소 운영자, 메뉴의 가격과 식재료 Cost에 따라서 차이가 있기 마련이다.
2. 찬물에 식힌 콩을 껍질을 벗길 때에는 콩을 한주먹씩 쥔 상태에서 으스러지지 살살 비벼주면서 콩이 벗긴다. 1차 작업 후 물에 든 껍질은 체에 거르고 거른 물은 다시 콩에 부어 사용한다. 왜냐하면 콩의 영양분을 유지하기 위함이다.
3. 비타민C가 풍부한 토마토와 오이, 단백질이 풍부한 콩물은 음식의 궁합이 맞는 여름철 영양 보양식으로 최고이다.

4. 기호에 따라서 콩물을 갈때에는 볶은 소금을 사용하거나 소금의 염도를 낮추기 위해서 소금에 물을 넣고 씻은 소금물을 약간 넣고 간을 하여 갈아도 무방하다.
5. 소면 외에 메밀 면, 칼국수 면 등을 이용해도 좋으며, 얼음을 넣어서 제공하면 더 시원한 맛을 느낄 수 있다.
6. 식물성 단백질인 콩은 식물성 에스트로겐인 이소플라본이 풍부하고 칼로리가 낮아 노화방지와 다이어트에 효과적이다.
7. 경기 · 서울권에서는 소면을 사용하며 소금으로 간을 하는데, 전주지역에서는 메밀 면을 사용하고 콩가루를 뿌려서 설탕으로 간을 하여 달달한 맛이 있기 때문에 기호에 따라서 호불호가 있다.

초계국수

초계국수 4인분

Ingredientss

닭 반 마리, **소면** 100g, **양파** 1/4개, **마늘** 6쪽, **대파** 30g, **닭육수** 6컵, **참기름** 1작은술, **깨소금** 1작은술, **오이** 1/2개, **소금** 1/2작은술, **달걀** 2개, **열무김치, 식용유**

발효겨자 만들기

겨자가루 1큰술, **물** 1/2큰술

① 분량의 재료를 넣고 잘 개어준다.
② 중탕에서 20분 정도 발효시킨다.
③ ②에 겨자가 잠갈 정도로 미지근한 물을 붓고 5분 정도 두었다가 물을 따라준다.

겨자 소스 만들기

발효겨자 1큰술, **간장** 1/2큰술, **설탕** 1큰술, **식초** 3큰술, **소금** 1/2큰술

분양의 재료를 섞어준다.

How to make

1 닭은 내장과 지방을 제거하여 깨끗하게 씻는다.

2 냄비에 물을 넣고 끓여서 닭을 넣고 20분 정도 삶은 후 양파, 마늘, 대파를 넣고 10분 정도 더 끓여준다

3 삶은 닭을 꺼내서 한 김 식힌 후 껍질을 벗기고 결대로 잘게 찢어준다.

4 황백지단을 부쳐서 일정하게 썰어 놓는다.

5 오이는 썰어서 소금을 약간 뿌린 후 물기를 꽉 짜준다.

6 예열된 후라이팬에 기름을 두르고 오이를 볶아준다

7 참기름(1작은술) 깨소금(1/2작은술), 소금(1/4작은술)을 넣고 닭고기에 밑간을 해 준다.

8 닭육수 6컵에 겨자 소스를 넣고 잘 섞어서 국물을 만든다.

9 끓는 물에 메밀면을 삶아서 찬물에 헹군 다음 보기 좋게 놓고, 오이, 닭고기, 지단 순으로 올려서 국물을 붓는다.

면

Point

1. 느타리 버섯을 데쳐서 물기를 뺀 후 잘게 찢어준다
2. 느타리버섯은 참기름과 깨소금을 넣고 밑간을 해 준다.

Story

초계국수는 초계탕에 면을 넣어 먹는 함경도와 평안도의 전통음식으로 '초'는 식초, '계'는 닭을 뜻한다.

평양냉면

평양냉면 1인분

Ingredients

면 1인분, **양지 편육** 30g, **무 김치** 20g, **오이채** 30g, **삶은 달걀(지단채)** 1/2개, **깨소금** 1작은술

냉면 육수 만들기(20ℓ / 40인분)

물 25ℓ, **소잡뼈** 2kg, **장닭** 1마리(700g), **양지** 700g, **사과** 1개, **양파** 2개, **무** 600g, **건고추** 5개, **대파** 2개, **마늘** 100g, **생강** 30g, **건표고버섯** 1개, **통후추** 1큰술, **진간장** 색깔만 날 정도로 약간 넣는다, **정종** 70ml, **설탕** 114g, **소금** 124g, **소고기 다시다** 70g

냉면 육수 만들기

1. 소잡뼈와 양지육은 깨끗하게 씻어서 찬물에 담궈 놓고 핏물을 빼준다.
2. 냄비에 찬물에 붓고, 잡뼈와 양지육을 넣고 1시간 40분 끓여준다. 이때 양지육은 1시간 조금 더 삶아서 건지내고, 닭과 채소 넣고 30분 정도 더 끓인다. 이때 채소 등은 면보에 넣고 끓이면 좋다.
3. 2의 잡뼈와 채소 등을 거른 후에 간장, 정종, 설탕, 소금, 다시다를 넣고 완성하여 차게 보관한다.

How to make

1 냉면용 그릇에 삶은 면 1인분을 손으로 돌돌 말아서 놓고, 냉면 육수를 붓는다.

2 고명으로는 양지편육 → 무 김치 → 오이채 → 삶은 달걀(지단채) → 깨소금 순으로 보기 좋게 올려서 완성한다.

Point

1. 평양냉면은 지역마다 약간의 차이는 있으나 일반적인 고명으로 양지 편육, 육전, 오이절임, 오이채, 삶은 달걀, 지단채, 무절임, 토마토, 깨소금 등을 얹어 올린다.
2. 평양냉면 전문점마다 조리의 노하우와 철학, 지향점 등이 모두 다르기 때문에 스타일 별로 호불호가 확고하게 갈리는 경향이 있다.

Story

1. 평양냉면은 흔히 물냉면이라고 부른다.
2. 북한의 평양에서 기원한 냉면으로 부드러운 면발과 시원한 국물이 특징이다. 면발은 메밀로 만들어 가늘고 굵으며, 씹으면 툭툭 끊기는 식감이다.
3. 과거에는 꿩고기를 사용했는데, 요즘에는 소뼈와 양지육으로 육수를 만든다. 평양냉면의 육수는 깊고 진한 맛과 순한맛, 약간의 산미(동치미 국물)와 함께 고소한 맛이 어울어져야 한다.

평양냉면	비교	함흥냉면
메밀	면의 주재료	전분, 녹말가루
굵고 거칠고 끊어지는 면발	식감	가늘 쫄깃한 면발
고기육수+동치미	육수	고추장양념+고기육수
수육, 오이, 무김치, 삶은계란	고명	명태 · 가자미회, 고기, 오이
서늘함, 몸에 열이 많은 사람	성질	따뜻함, 손발이 차거나 기력이 떨어진 사람

함흥냉면

함흥냉면 4인분

Ingredients

굵은 고춧가루 400g, **양조간장** 350ml, **마늘** 50g, **생강** 15g, **양파** 1개, **배** 1개, **사과** 1개, **정종** 200ml, **참기름** 50ml, **3배식초** 30ml, **설탕** 125g, **고운 고춧가루** 75g, **냉면** 1인분, **삶은 달걀** 1/2개, **오이채** 30g, **깨소금** 1작은술

함흥냉면 양념 소스 만들기

1. 마늘, 생강, 양파, 배, 사과를 믹서기에 넣고 곱게 갈아준다.
2. ①에 고춧가루, 정종, 참기름, 식초, 설탕을 넣고 혼합하여 섞어 준다.

How to make

1 냉면용 그릇에 삶은 면 1인분을 손으로 돌돌 말아서 놓고, 양념 소스를 뿌려준다. 이때 면은 끓는 물에 30~40초 삶아 건져서 찬물에 손으로 비벼 주면서 행궈 주고, 육수를 약간 부어 주면 비벼 먹기에 좋다.

2 고명으로는 가지미회 → 오이채 → 삶은 달걀 → 깨소금 순으로 보기 좋게 올려서 완성한다.

Point

고명으로는 가자미 회, 삶은 계란, 오이채를 얹고 깨소금을 뿌려서 제공한다.

Story

1. 함흥냉면은 비빔냉면을 말하며, 함경도 지역의 대표음식이다.
2. 함경도 일대에는 지형적으로 감자 재배를 많이 하여 감자녹말을 주재료로 사용하여 면을 만든다. 면발은 전분과 녹말가루로 만들기 때문에 면발이 가늘고 쫄깃한 식감으로 보통 국물이 없거나 조금 사용하는데, 고춧가루를 이용하여 만든 세콤하고 매콤한 맛의 강렬한 양념이 비법이다.

만능육수 30인분

Ingredients

물 20ℓ, **멸치(국물용 멸치)** 100g, **건다시마** 20g, **건표고버섯** 1개, **청양고추** 3개, **통후추** 2g, **무** 500g, **마늘** 10개, **대파** 2대, **양파** 1개, **국간장** 1/4컵, **청주** 1/4컵

How to make

1 육수용 멸치는 내장을 제거하고 팬에 살짝 볶는다.

2 채소는 전처리를 해서 준비해 놓는다.

3 볶은 멸치, 후추, 청양고추는 면포에 담아 놓고, 무, 양파는 적당한 크기로 썰어 놓는다.

4 찬물에 모든 재료를 넣고 강불 → 중불로 30분 정도 은근히 끓인다. 이때 거품은 덜어 내고 육수가 맑게 나오도록 더 끓여 준다.

5 고운 채로 재료를 모두 건져 내고 국간장과 청주를 넣은 후 찬물에 식힌다.

Point

만능 육수를 이용하여 무조림, 갈치조림, 해장국 등 육수가 필요한 한식조리 등 다양한 요리에에 활용할 수 있다.

소고기 미역국

소고기 미역국 4인분

Ingredients

마른 미역 20g, **소고기(양지살)** 100g, **다진 마늘** 1큰술, **참기름** 1$\frac{1}{2}$큰술, **물(쌀뜨물)** 10컵, **국간장** 1$\frac{1}{2}$큰술

How to make

1 마른 미역을 찬물에 담가 30분 정도 불려서 손으로 비벼 주면서 씻어서 체에 걸러서 물기를 제거한다.

2 미역은 3cm 크기로 썰어 놓고, 소고기는 핏물을 제거하여 1cm 크기로 썰어 준다.

3 냄비에 열을 가하여 참기름을 두르고 소고기와 다진 마늘을 넣고 볶다가 미역도 함께 넣고 더 볶아 준다. 볶는 이유는 비린내와 잡냄새를 제거해 준다.

4 물을 넣고 30분 정도 끓여 준다. 이때 미역국의 건더기와 국물의 양이 맞는지 잘 조절해 준다.

5 국간장으로 간을 조절하면서 마무리하면서 국그릇에 담아서 완성한다.

Story

1. 우리나라에서는 아이를 낳은 산모는 한 달 이상 미역국을 먹으며 산후 조리를 했다. 그리고 백일, 돌, 생일날에는 반드시 차리는 음식으로 오래전부터 전해오는 음식 중의 하나이다.
2. 미역은 칼슘과 요오드가 많이 함유된 알카리성 식품으로 산성 식품인 소고기와 영양과 균형이 맞는 음식이며, 강원지방에서는 황태, 호남지방에서는 홍합, 어패류를 넣고 끓여 먹었다.
3. 미역국에 파를 안 넣는 이유는 파의 유황, 인 성분이 미역에 있는 칼슘 성분의 흡수를 저해하기 때문이다.
4. 미역을 빨리 불리기 위해서 뜨거운 물이나 미지근한 물에 담가 놓으면 비린내가 나기 때문에 찬물에 담가 놓는다.
5. 말린 미역을 찬물에 불리면 7배 분량이 되는데, 미역 20g을 물에 불리면 140g 정도의 불린 미역이 된다.

황태 해장국

황태 해장국 1인분

Ingredients

황태채 15g, **무** 30g, **콩나물** 50g, **두부** 30g, **청양고추(1/3개)** 5g, **대파(1/6대)** 10g, **달걀** 1개, **다진 마늘** 1/2작은술, **물** 3컵, **깨소금** 1/3작은술, **고춧가루** 1/2작은술, **만능 육수** 3컵

How to make

1 황태채는 특유의 냄새를 제거하기 위해서 물에 1분 정도 담가서 조물 조물 주물러 씻어서 물기를 꽉 짜준다.

2 무는 길이 7cm, 넓이 1cm, 두께 3mm 정도로 썰어 준다.

3 대파는 송송 탕파로 썰고, 청양고추는 3mm 두께로 어슷썰기 한다.

4 두부는 1cm 정도로 네모나게 썰고, 콩나물은 씻어서 물기를 빼 준다.

5 냄비에 참기름을 두르고 중불에서 황태채를 볶아준다.

6 육수와 무를 먼저 넣고 무가 투명해질 때까지 뽀얗게 끓여 준다.

7 콩나물, 두부, 청양고추, 대파, 다진 마늘 순서로 넣고 끓여 준다.

8 황태 해장국이 끓어 오르면 달걀을 넣고 풀어주지 말고 살짝 저어만 준다.

9 뚝배기나 해장국 그릇에 담아서 완성한다.

Story

1. 황태채를 팬에 볶는 방법도 있지만 국물이 뽀얗게 덜 우러나오기 때문에 사람들마다 조리법이 다를 수 있다.
2. 기호에 따라서 들기름을 약간 넣는 경우도 있다.
3. 황태를 넣고 끓인 맑은 장국으로 숙취 해소에 좋은 해장국이다.
4. 명태를 단시간에 그냥 건조시킨 것을 '북어'라고 부르며, 명태를 추운 겨울 바닷바람에 얼렸다 녹였다를 반복하여 건조시켜 만든 것을 '황태'라고 한다.

오이찹쌀 냉국

오이찹쌀 냉국 4인분

Ingredients

다다기오이 100g, **배** 100g, **건미역** 20g, **통잣** 1작은술

단촛물 만들기

생수 1컵, **현미식초** 1큰술, **설탕** 1/3~1큰술, **소금** 1/2작은술

냉국 만들기

양지육수 2컵, **생수** 2컵, **식초** 4큰술, **설탕** 2.5~3큰술, **마늘즙** 1작은술, **소금** 1작은술, **청장** 1/2작은술

찹쌀완자 만들기

찹쌀가루 1/2컵, **고운 고춧가루** 1/2작은술, **소금** 약간, **녹말가루** 2큰술

How to make

1 오이는 깨끗이 씻어 가늘게 채 썬다.

2 배는 껍질을 벗겨서 채썰고, 미역은 깨끗이 씻어서 먹기 좋은 크기로 잘게 자른다.

3 단촛물을 만들어 손질한 재료를 헹군 후 차게 식힌다.

4 냉국국물은 분량대로 섞어 차게 만들어 둔다.

5 찹쌀가루에 고춧가루, 소금을 넣고 익반죽하여 은행알 크기로 빚어 녹말가루에 굴려준다.

6 녹말가루를 잘 털어준 후 끓는 물에 완자를 삶아 찬물에 담가 식혀 준다.

7 그릇에 보기 좋게 담아서 국물을 붓고 통잣을 띄어서 완성한다.

Point

다다기오이 1개의 무게는 200g, 배 1개의 무게는 200g 정도 된다.

육개장

육개장 4인분

Ingredients

소고기(양지머리) 1kg, **양파** 1개, **마늘** 3통, **대파(흰 부분)** 2대, **물** 12컵, **불린 고사리** 100g, **불린 토란대** 100g, **양파** 1/2개, **대파 줄기** 2대

양념 만들기

고추기름 2큰술, **고춧가루** 3큰술, **국간장** 2큰술, **다진 마늘** 1큰술, **다진 생강** 1작은술, **육수** 7컵, **통생강** 약간, **소금** 약간, **후춧가루** 약간

How to make

1 소고기(양지머리)는 흐르는 찬물에 살짝 씻어 큼직하게 자른다.

2 양파는 채를 썰고 대파 줄기는 끓는 물에 소금을 약간 넣고 살짝 데쳐 찬물에 헹구어 놓는다.

3 냄비에 손질한 소고기, 양파, 마늘, 생강, 대파, 물을 넣어 끓인다.

4 중간에 끓어오르는 거품을 걷어 내면서 중간 불에 고기가 익을 때까지 끓이다 고기는 건져놓고 고운 면보에 육수를 걸러 놓는다.

5 건진 고기는 5cm 길이로 채를 썰고 흐르는 물에 씻어, 6cm 길이로 자른 고사리, 토란대와 섞은 후 국간장, 고추장, 다진 마늘, 다진 생강, 후춧가루를 넣어 버무린다.

6 냄비에 고추기름을 두르고 약한 불에서 고춧가루를 넣어 볶다가 버무린 5을 넣어 볶는다.

7 육수를 부어 끓이다 소금으로 간을 하면서 데친 대파와 채썬 양파를 넣어 끓인다.

Story

1. '육개'라는 이름은 '고기를 잘게 썰다'는 뜻으로 생고기를 잘게 썰어서 국물을 넣고 끓인 전통적인 국물요리이다.
2. 고려시대 이래 보양식으로 먹던 개장국(보신탕)을 조선시대에 개장국을 안 먹는 사람들이 있어서 개고기 대신 소고기를 넣어 만든 육개장이 되었다. 그리고 개고기 특유의 잡내 제거를 위해서 강한 양념인 된장이나 고춧가루 등을 사용하였는데, 이러한 강한 양념을 그대로 육개장에 넣어 사용하고 있다.
3. 오늘날의 육개장은 1950년에서 60년대에 불리었으며, 육개장이라는 용어가 처음 등장한 시기는 1800년대 말경이리고 문헌에 기록되어 있다.

김치 청국장찌개

김치 청국장찌개 4인분

Ingredients

청국장 150g, **소고기(국거리용)** 100g, **두부** 1/2모(170g), **김치** 100g, **무** 50g, **표고버섯** 2개, **대파** 1대(10cm), **다진 마늘** 1큰술, **풋고추** 1개, **양파** 40g, **국간장** 1큰술, **쌀뜨물** 6컵, **멸치(육수용)**, **다시마** 조금

육수 만들기

쌀뜨물에 육수용 멸치와 다시마를 넣고 끓인다.

How to make

1 소고기는 물에 담가 핏물을 제거하여 적당한 크기로 썰고, 두부는 깍둑썰기하고, 김치와 양파는 한입크기로 송송 썰고, 무는 얇게 골패형 썰기한다.

2 표고버섯과 대파는 어슷썰기하고, 마늘은 다져 놓는다.

3 냄비에 김치와 소고기를 넣고 볶는다.

4 3에 육수를 넣고, 청국장, 썰어 놓은 모든 재료를 넣고 20분 정도 끓인다. 이때 청국장은 물이나 육수를 약간 놓고 풀어서 넣으면 좋다.

5 마지막에 국간장으로 간을 조절하고, 썰어 놓은 두부와 대파를 넣고 끓여서 낸다.

Point

1. 두부 한모는 340g이다.
2. 김치는 숙성이된 익은 김치나 묵은지 김치가 좋다.

Story

1. 겨울철의 찌개하면 대표적인 음식이 김치 청국장찌개이다.
2. 청국장은 된장과 달리 콩을 삶아서 단기 숙성하는 것이기 때문에 소화도 잘되고, 해독작용, 장활동 촉진해 준다.

갈비찜

갈비찜 4인분

Ingredients

갈비 1kg, **표고버섯** 1장, **은행** 6개, **대추** 6개, **당근** 150g, **무** 150g, **꽈리고추** 6개

양념 소스

진간장 1컵 정도(210ml), **설탕** 4큰술, **마늘** 4작은술, **생강** 1톨, **다진 파** 2작은술, **물엿** 4큰술, **전분** 4큰술(물 12큰술), **참기름** 2큰술, **미향** 4큰술, **후춧가루** 약간, **카라멜소스** 4큰술, **물** 갈비가 잠길 정도

How to make

1 갈비는 살이 많고 연한 것을 골라 2.5~3㎝길이로 토막을 낸다.

2 토막 낸 갈비는 찬물에 담가 핏물을 뺀다.

3 끓는 물에 넣어 10분 정도 데쳐 낸 다음 찬물에 헹구어 기름기를 제거한다.

4 표고버섯은 찬물에 불려 4등분 정도로 자른다.

5 은행은 볶아서 껍질을 벗겨 사용하고 무, 당근은 밤톨 크기만하게 깎아 물에 삶아 놓는다.

6 그릇에 갈비를 담고 갈비가 잠길 정도로 물을 붓고 모든 양념을 넣고 강불에서 끓이기 시작한다. 끓기 시작하면 불을 약하게 줄여 40분 동안 서서히 익힌다.

7 설탕을 끓여 카라멜 소스를 만들어 갈비찜에 섞어 끓인다.

8 완성된 갈비찜에 당근, 무, 은행, 대추, 꽈리고추를 고명으로 얹어서 완성한다.

Point

1. 진간장 210ml 대신 진간장 180ml, 어간장 50ml, 액젓 50ml로 대체 가능하다.
2. 갈비찜을 많은 양(5kg~15kg 이상)으로 만들 때는 끓기 시작해서 1시간 20분 정도 끓인다.
3. 데친 무와 당근, 대추, 은행은 갈비찜 국물을 덜어내서 끓여 고명으로 올린다.

Story

갈비찜은 고려시대부터 시작하여 조선시대(1392~1910)의 궁중의 왕실 잔치나 축하 연회, 특별한 날에 즐겨 먹었던 귀한 음식으로 우리나라의 대표적인 전통음식 중 하나이다.

연저육찜

연저육찜 4인분

Ingredients

돼지오겹살(삼겹살) 500g, **대추** 4개, **은행** 8개, **건청포도(건포도)** 8개, **양파** 1개, **두부** 1/4모, **전분** 약간

조림장 만들기

진간장 1/2컵, **만능 육수(물)** 3컵, **배즙(배 주스)** 1/2컵, **흑설탕** 2큰술, **검정 통후추** 7알, **마늘** 5개, **생강** 1개, **청양고추** 1개, **물엿** 2큰술

How to make

1 돼지고기 오겹살은 덩어리째 찬물에 담궈서 20분 정도 핏물을 뺀 후, 끓는 물에 통후추를 넣고 30~40분 정도 삶아서 건져 낸다.

2 삶은 돼지고기는 팬에 기름을 두루고 앞, 뒤로 노릇하게 지진다.

3 대추는 돌려깍기 하고, 은행은 껍질을 벗겨 놓는다.

4 청포도는 껍질을 벗겨 놓고, 두부는 2cm 네모나게 썰어서 팬에 기름을 두르고 앞뒤로 노릇하게 지져낸다.

5 조림장을 만들어 10분 정도 끓인 후, 노릇하게 지져둔 돼지고기를 넣고 약한 불에서 20분 정도 조린다. 이때 대추, 은행, 청포도, 두부를 넣고 끓여서 전분을 넣고 농도를 맞춘다.

6 돼지고기를 설어서 접시에 담고 양념 국물을 뿌려서 완성한다.

Point

1. 여름철에는 껍질 벗긴 청포도, 겨울철에는 건포도를 고명으로 사용하면 잘 어울린다.
2. 돼지고기를 삶을 때에는 냄비 뚜껑을 열고 삶아야 누린내나 잡내가 나지 않는다.
3. 조림장에 넣고 조릴 때 조림장을 고루 끼얹어 가며 조려야 양념 간이 고루 베이고 윤기가 난다.

Story

연저육찜은 조선시대 중국 사신단과 교류할 때 사신단에서 해준 동파육을 먹고, 궁중요리사들이 각색하여 만든 임금님 수라상에 올랐다는 궁중음식이다. 그리고 중국 동파육과 비슷하다.

계란찜

계란찜 2인분

Ingredients

계란(특란) 4개, **새우젓 육수** 200ml, **홍고추** 약간

새우젓 육수 만들기

물에 양파, 마늘, 대파, 다시마를 넣어 끓여서 고운체에 걸러서 새우젓으로 간을 하여 완성한다.

How to make

1 믹싱볼에 계란을 깨서 새우젓 육수를 넣고 흰자와 노른자가 잘 섞이도록 핸드 믹서기로 갈아서 고운체에 거른다.

2 계란찜용 뚝배기에 1의 계란물을 붓고 강불에서 끓여준다.

3 뚝베기의 계란물이 익기 시작하면 작은 거품기나 큰 숫갈로 뚝배기 가장자리를 한 방향으로 저어주면서 계란을 익혀 준다.

4 스크램블 상태 전이 되면 뚝배기에 불을 끄고 스테인레스 뚜껑을 덮어 뜸을 약간 드린다.

5 계란찜이 부드럽게 다 익었으면 어슷썰기한 홍고추나 파세리, 잘게 썬 당근이나 실파, 부추 등으로 보기 좋게 위에 얹어서 완성한다.

Point

1. 최근 음식 트렌드 변화로 인하여 유명 한식당이나 핫플 음식점에서는 계란찜 위에 눈꽃 모짜렐라 치즈를 뿌려서 제공하는 경우에 고객들의 반응이 좋아서 환상적인 계란찜이 된다.
2. 새우젓 육수가 없으면 물로 대체 가능하며, 소금으로 간을 하여 쉽게 만들면 된다.

숭채 만두

숭채 만두 4인분

Ingredients

배추잎 10장, **닭가슴살** 100g, **다진 파** 1/2큰술, **다진 마늘** 1/2작은술, **다진 생강** 1/4작은술, **깨소금** 1/2작은술, **참기름** 1/2큰술, **숙주** 150g, **미나리** 30g, **소금** 1/2작은술, **무** 100g, **두부** 100g, **녹말** 1큰술, **후추가루** 약간, **소금** 1작은술

초간장 만들기

간장 1작은술, **식초** 1큰술, **생수** 1큰술, **레몬즙** 1/2작은술, **다진 양파** 2큰술, **홍고추** 1/2개, **청양고추** 1개, **깨소금** 1/2큰술

How to make

1 닭 가슴살은 곱게 다진다.

2 배추잎은 두꺼운 줄기 끝 부분을 잘라 내고 찢어지지 않은 잎을 골라 깨끗이 씻는다. 숙주는 꼬리를 떼고 미나리는 잎을 떼어 내고 깨끗이 씻는다.

3 무는 손질하여 깨끗이 씻어 가로 세로 1cm, 두께 0.1cm 정도로 썰어 물에 소금을 약간 넣고, 10분 정도 절인 후 물기를 꽉 짠다.

4 냄비에 물을 붓고 물이 끓으면 소금을 넣고 배추 잎을 넣어 1분 정도 데친다. 그리고 찬물에 담가 식혀서 체에 받쳐 물기를 빼준다.

5 냄비에 물을 붓고 물이 끓으면 소금을 넣고 숙주는 2분, 미나리는 30초 정도 각각 데친 후, 물기를 제거하고 폭 0.5cm 정도로 잘게 썬다.

6 닭 가슴살과 숙주, 미나리, 무를 한데 섞고 양념을 넣고 고루 버무려 숭채 만두 소를 만든다.

7 배추 잎 위에 녹말을 뿌리고 만두소를 한 큰술 얹어 가로 5cm, 세로 3cm, 두께 2cm 정도로 잘 감싸 주면서 보기 좋게 잘 말아준다.

8 찜기에 물을 붓고 끓으면 젖은 면보를 갈고 숭채 만두를 올려 10분 정도 찐다.

9 찐 숭채 만두를 그릇에 담아서 초간장과 함께 낸다.

Point

1. 끓는 물에 부추를 살짝 데친 후 찬물에 담가 식혀서 숭채 만두 가운데를 묶어 주면 보기 좋다.
2. 홍고추를 얇게 원형으로 송송 썰어서 찐 숭채 만두 배추 위에 올리면 보기 좋다.
3. 숭채만두가 다 익었는지 확인하려면 젓가락으로 찔렀을 때 단단한 느낌이 들면 다 익은 것이다.
4. 배추는 잎의 줄기 부분을 포 뜨듯이 얇게 저며야 잘 말아진다.
5. 닭 가슴살은 분쇄기(프로세스)에 갈아서 사용하기도 한다.

Story

1. 숭채는 배추의 옛말로 배추 잎이 만두피가 되는 배추 만두를 말한다.
2. 숭채만두는 배추를 다져 넣은 소를 만들고, 이를 배추 잎에 잘 감싼 후 쪄내어 만든 음식으로 조선시대 중종(1488~1544)의 마지막 주치 어의녀 서장금이 의녀가 되기까지의 과정을 그린 MBC 드라마 대장금에서 궁중 상궁이 되기 위한 과정인 어선(수라상 음식) 경연대회에서 장금이가 만두를 만들려다 진가루(밀가루)가 없어졌는데, 잃어버린 밀가루 대신 기지를 발휘해 배추잎을 이용해 숭채 만두를 만들어 대비를 감복시켰다. 이러한 유래로 인하여 숭채 만두가 유래되었다.
3. 숭채 만두를 파인 다이닝 스타일로 육수와 게살을 곁들여 재해석하여 만들었는데, 이른바 '식단의 정치학'이라는 말이 있다. 대통령의 국빈 만찬, 각종 주요 행사 때 내놓은 음식으로 '화합과 조화'를 상징하는 비빔밥, 콩나물밥과 황태조림(황태는 겨울에 얼었다 녹기를 반복하며 맛이 들기 때문에 갈등과 대립을 좋은 결과를 내보자는 뜻이 담김), 노동계를 상징하는 추어탕 등이 있다.

배추 겉절이

배추 겉절이

Ingredients

배추 2통(2kg), **쪽파** 12쪽, **양파** 1/2개, **대파** 1개, **마늘** 10쪽, **홍고추** 5개, **청양고추** 2개, **생강** 10g, **배** 1/4개, **굵은 고춧가루** 6큰술, **액젓** 5큰술, **새우젓** 2큰술, **설탕** 2큰술, **매실청** 2큰술, **생수** 1/2컵, **참기름** 1큰술, **통깨** 2큰술, **천일염** 110g

양념장 만들기

양파 1/2개, **마늘** 10쪽, **홍고추** 5개, **청양고추** 2개, **생강** 10g, **배** 1/4개, **액젓** 5큰술, **새우젓** 2큰술, **설탕** 2큰술, **매실청** 2큰술, **생수** 1/2컵

How to make

1 배추는 속이 꽉 차고 잎이 연하고 얇은 것으로 준비한다.

2 배추의 겉잎을 떼어 내고, 꼭지를 제거하여 깨끗이 씻은 후 4등분 하여 소금물을 뿌려서 40분 정도 절여준다. 이때 배추 줄기를 대각선으로 쭉쭉 썰어서 절이면 빨리 절여진다.

3 쪽파는 10cm 길이로 썰고, 대파는 어슷썰기 한다.

4 양념장 재료는 전처리하여 적당한 크기로 썰어서 준비해 놓는다.

5 믹서기에 양파와 마늘, 홍고추, 청양고추, 생강, 배, 액젓, 새우젓, 설탕, 매실청, 생수 를 넣고 약간 거칠게 갈아준다.

6 절인 배추를 잘 씻어서 물기를 빼고 먹기 좋은 크기로 자르거나 쭉쭉 찢어 놓는다.

7 아삭하게 절인 배추에 고춧가루에 채 썬 고추, 쪽파, 양념, 간장, 설탕, 참기름, 통깨 등을 모두 넣고 잘 버무려 준다.

Point

1. 배추 절이는 방법
   배추 4통(4kg) : 물 4ℓ : 굵은 소금 1kg
   배추를 길이로 4등분 하여 소금물에 40분 정도 담궈 소금물이 골고루 베이도록 절여준다.
2. 배추를 반으로 자르고 다시 반으로 자른다. 4등분으로 자른 배추를 반으로 나누어서 대각선으로 한 번 더 썰어주고, 속은 그대로 사용하여 준비해도 좋다.
3. 고춧가루는 따뜻한 물을 약간 붓고, 설탕을 넣어 불려주면 풋내가 제거된다.
4. 겉절이는 갓 지은 밥이나 보쌈, 수육, 국밥 등과 같이 먹으면 궁합이 매우 좋다.

상추 겉절이 4인분

Ingredients

상추 150g, **고춧가루** 2큰술, **다진 마늘** 1작은술, **양파** 1/2개, **홍고추** 1개, **부추** 1개, **당근** 1/5개, **까나리액젓** 3큰술, **설탕** 1큰술, **매실액** 1작은술, **깨소금** 1/2작은술, **참기름** 1작은술

How to make

1 상추는 흐르는 물에 한 장씩 씻어 체에 밭쳐 물기를 뺀다.

2 상추는 한입 크기로 뜯는다.

3 큰 볼에 간장, 고춧가루, 설탕, 마늘, 깨, 대파, 참기름을 넣고 골고루 섞은 후 상추를 넣어 살살 무친다.

Point

1. 상추 겉절이는 숨이 금방 죽기 때문에 먹기 직전에 무친다.
2. 적양파를 사용해도 좋다.

Story

상추는 비타민 A와 무기질이 많이 들어 있는데, 싱싱한 잎을 찢어서 양념장에 식초를 넣어 무쳐서 바로 먹으면 신선한 맛이 난다.

닭가슴살 샐러드

닭가슴살 샐러드 4인분

Ingredients

닭가슴살 1개, **양상추** 1/8개, **그린 치커리** 20g, **방울토마토** 4개, **무순** 10g

냉채 소스

홀그레인 머스타드 1큰술, **식초** 3큰술, **진간장** 4큰술, **설탕** 2큰술, **식용유** 3큰술

How to make

1 샐러드는 깨끗이 씻어서 물기를 뺀다.

2 생 닭가슴살은 찜기에 12분 정도 앉혀서 찐다.

3 홀그레인 머스타드, 식초, 진간장, 설탕을 잘 섞어서 드레싱을 만든다.

4 속까지 잘 익은 닭가슴살을 잘게 찢어서 소스를 넣어 잘 버무린다.

5 접시에 양상추를 보기좋게 깔고, 닭가슴살을 얹어서 완성한다.

Point

1. 수삼을 얇게 채 썰어서 샐러드와 함께 곁들이면 음식의 궁합에 맞고 건강식 냉채로 잘 어울린다.
2. 양파와 풋고추를 얇게 채썰어 찬물에 행궈 물기를 빼고 샐러드에 얹어도 좋다.
3. 닭고기와 잘 어울리는 채소는 대파, 부추, 마늘, 수삼, 양파, 양상추 등이 있다.

콩나물 무침

콩나물 무침 4인분

Ingredients

콩나물 300g(1봉지), **다진 파** 2큰술, **다진 마늘** 1큰술, **참기름** 1큰술, **깨소금** 1큰술, **굵은 고춧가루** 1/2큰술, **소금** 1꼬집

How to make

1 콩나물을 손질하여 깨끗이 씻은 후 물기를 빼고 냄비에 물 1/2컵을 붓고 끓는 물에 뚜껑을 덮고 2분 정도 삶는다.

2 대파와 마늘은 다져 놓는다.

3 콩나물이 삶아지면 채로 건져서 물기를 뺀다.

4 삶은 콩나물에 2를 넣고 소금으로 간을 하면서 고루 무친다.

5 통깨를 약간 뿌려서 완성한다.

Point

1. 콩나물의 비린맛이 나는 이유
   콩나물에는 효소가 함유되어 있는데, 콩나물을 끓는 물에 데칠 때 이 효소는 열을 가열하게 되면 활성이 없어진다. 그렇기 때문에 콩나물은 빠른 시간에 익혀서 찬물에 담궈 체에 걸러서 식히는 것이 좋다.
2. 콩나물을 끓는 물에 삶을 때에는 소금을 넣지 않는다.

숙주나물

숙주나물 4인분

Ingredients

숙주나물 160g, **다진 파** 1작은술, **다진 마늘** 2/3작은술, **참기름** 1/2작은술, **깨소금** 2/3작은술
소금 2/3작은술

How to make

1 냄비에 물을 부은 후 소금을 약간 넣고, 물이 끓으면 숙주나물을 넣어 1~2분 정도 삶는다.

2 숙주나물을 건져서 물기를 빼고, 그릇에 펼쳐서 빨리 식힌다.

3 식힌 숙주나물에 들기름을 넣고 버무린다.

4 숙주나물에 다진 파, 다진 마늘, 깨소금을 넣고 양념하여 묻힌다. 이때 소금 간을 하지 않고 소금은 나중에 무친다. 왜냐하면 삼투압이 되면 실처럼 가늘어 지기 때문에 아삭아삭 해진다.

Story

1. 조선 시대의 나물 선호도는 숙주나물 〉 팥나물 〉 콩나물 순서 이었다고 하며, 돈만 있으면 무조건 숙주나물을 선택 했고 콩나물은 가난한 백성들이 돈 없을 때나 먹는 음식이였다고 한다.
2. 숙주나물의 유래는 조선시대 초기 문신인 신숙주를 비하하는 의미에서 그의 이름을 따서 숙주나물이라고 하였다.
3. 신숙주는 단종을 배신하여 수양대군(세조)의 편을 들었는데 백성들이 신숙주를 미워하여 이 나물을 신숙주처럼 맛이 간다는 의미에서 이름을 붙였다고 한다.

시래기 나물

시래기 나물 12인분

Ingredients

건시레기 300g, **다진 마늘** 1큰술, **다진 파** 1큰술, **깨소금** 1큰술, **참기름(들기름)** 1큰술, **국간장** 3큰술, **설탕** 1/2작은술, **소금** 약간, **식용유** 4큰술

How to make

1 삶은 사래기의 질긴 껍질을 꼭 벗겨주고, 물기를 꽉짜서 먹기 좋게(10㎝) 썬다.

2 팬에 식용유를 붓고, 썰어 놓은 시레기를 넣고, 양념을 넣어주면서 볶아준다. 이때 물을 조금 넣고 볶아주면 촉촉해서 좋다.

3 접시에 보기 좋게 담아서 낸다.

시래기 삶기

1. 시래기를 한번 씻은 후, 물에 3시간 이상 불려서 특유의 잡내를 제거한다.
2. 냄비에 찬 물을 넣고, 2시간 정도 중불애 삶아서 찬물에 여러 번 헹군다.

Point

1. 시래기 나물은 겨울철에 신선한 채소를 먹기 힘들었던 시절에 무청을 말려서 시래기를 만들어 반찬으로 많이 먹었다.
2. 무청을 말린 시래기에는 겨울철에 결핍되기 쉬운 다양한 비타민과 무기질, 식이섬유가 풍부하게 들어가 있어 건강을 유지하기 좋은 식품으로 정월대보름 나물(시래기, 취나물, 호박오가리, 무, 고사리)의 대표적인 나물이다.

고사리 들깨나물

고사리 들깨나물

Ingredients

삶은 고사리 300g, **들깨가루** 1/2컵, **찹쌀가루** 50g, **조선간장** 2/3큰술, **들기름** 1큰술, **다진 마늘** 1큰술, **깨소금** 1/2큰술, **통깨** 1/2큰술

How to make

1. 예열된 팬에 들기름을 두르고 양념해둔 고사리를 넣고 끓이듯이 볶아준다.

2. 1.에 들깨가루 국물을 넣고 잘 섞이도록 볶아준다.

3. 고사리와 들깨가루 국물이 자작하게 잘 어우러지면 불을 끄고 뚜껑을 덮어 10분 정도 뜸을 드린다.

4. 통깨와 깨소금을 고루 뿌려서 완성한다.

사전 준비

1. 마른 고사리는 물에 6시간 이상 불려서 30분 정도 삶은 후 찬물에 하루 정도 담궈 놓는다.
2. 불린 고사리는 억센 줄기는 뜯어내고 반으로 가른 후 먹기좋은 길이로 썰고 씻어서 물기를 뺀다.
3. 손질된 고사리에 조선간장, 다진 마늘, 들기름, 들깨가루 국물 1/2컵을 넣고 조물조물 무쳐준다.
4. 물에 들깨가루를 풀어 체에 거른 후 찹쌀가루를 풀어 농도를 맞춘다.

Point

1. 고사리 삶는 방법은 음식을 만드는 사람마다 차이가 있으므로 정답은 없다. 하루 정도 찬물에 불려서 20분 삶아주는 방법, 마른 고사리를 삶은 다음 물에 담궈 불리는 방법, 미지근한 물에 2시간 불려서 삶는 방법이 있다.
2. 삶은 고사리를 구입하여 만들 때에는 끓는 물에 3분 삶아서 사용하면 좋다.
3. 마른 고사리를 불리면 7~8배 정도의 분량으로 불어난다.

애호박 볶음

애호박 볶음 4인분

Ingredients

애호박 1개, **새송이 버섯** 5개, **당근** 1/3개, **소금** 1/2큰술, **홍고추** 1개, **새우젓** 1큰술, **마늘** 3쪽, **통깨**, **식용유**

새우젓 육수 만들기

물 1컵, **새우젓** 1큰술

물 1컵에 새우젓 1큰술 넣고 끓여 걸러 준다.

How to make

1 예열된 팬에 식용유를 두르고 호박과 당근을 볶아준다.

2 육수에 담근 새송이 버섯을 육수와 한께 팬에 넣고 볶아 주면서 썰어 놓은 홍고추, 마늘을 넣어 빠르게 볶아준다.

3 통깨를 넣고 살살 버무리듯 볶아준다.

4 접시에 담아서 통깨를 약간 뿌려서 완성한다.

사전 준비

1. 애호박은 길이로 반을 가른 후 2mm 두께로 반달썰기를 하고, 당근은 은행잎 썰기 하여 소금을 약간 뿌려 10분 절여서 물에 흔들어 건져 물기를 제거해 준다.
2. 마늘은 얇게 채 썰어 놓는다.
3. 새송이 버섯은 반을 가른 후 2mm 두께로 반달썰기 하여 새우젖 육수에 담근다.
4. 홍고추는 3mm 두께로 어슷썰기 한다.

Point

1. 은행잎썰기 : 길이로 반을 자른 후 열십자로 4등분하여 원하는 두께로 은행잎 모양으로 써는 방법
2. 반달썰기 : 길이로 반을 자른 후 반달 모양으로 써는 방법
3. 옛날에는 애호박을 길이로 반을 잘라서 스푼으로 씨를 긁어내어 썰면 눈썹모양처럼 생겼다고 하여 이를 '눈썹나물' 이라고 불렀다.
4. 기호에 따라서 소고기를 얇게 썰어 간장, 후추, 마늘을 약간 넣고 양념하여 애호박 볶을 때 넣으면 좋다.

Story

1. 애호박은 식이섬유와 비타민 A, C, E 성분을 함유하여 장 건강 및 다이어트 효과에 좋다.
2. 당시 지역에서는 완산팔미라는 것이 유명하였는데, 전북의 향토사학자 이철수 선생은 전주야사(1953)라는 책에서 완산팔미(完山八味) 또는 전주팔미(全州八味)란 열무, 파라시, 게, 황포묵, 서초, 모자(모라무지), 호박, 무를 말하며, 여기에 사정골의 콩나물과 선너머의 미나리를 더하여 전주 10미라고 한다. 이렇게 전주 8미, 전주 10미가 전해지게 되어 전주 사람들이 무엇을 먹고 살았는지 짐작할 수 있다.
3. 전주 10미는 열무, 파라시, 게, 황포묵, 서초, 모래무지, 애호박, 무, 콩나물, 미나리를 말한다.

구운 가지볶음

구운 가지볶음

Ingredients

가지 2개, **들기름** 1큰술, **식용유(콩기름)** 1/2큰술

양념소스 만들기

간장 2큰술, **설탕** 1큰술, **다진파** 1큰술, **다진 마늘** 1작은술, **고춧가루** 1작은술, **깨소금** 1/2작은술

How to make

1 가지는 깨끗이 씻어서 길게 반으로 자르고, 다시 반으로 자른다. 이때 껍질쪽에 칼집을 내도 좋다.

2 팬에 기름을 두르고 가지를 색깔이 좋게 굽는다.

3 분량의 양념 소스를 뿌린다.

4 접시에 구운 가지를 보기 좋게 놓고 깨소금을 약간 뿌려서 완성한다.

깻잎구이 4인분

Ingredients

깻잎 30장, **밤** 3개, **대추** 6개, **식용유**

양념장 만들기

집간장 2큰술, **다시물** 4큰술, **조청** 1½큰술, **설탕** 1작은술, **고춧가루** 1큰술, **들기름** 2큰술
깨소금 1큰술

How to make

1 깻잎을 깨끗이 씻어 물기를 뺀다.

2 밤은 껍질을 벗기고 대추는 돌려깍기 하여 씨를 뺀 후 곱게 채 썬다.

3 양념장을 만들어서 채썬 밤, 대추를 넣어 섞는다.

4 준비한 깻잎에 겹겹이 양념장을 조금씩 발라 5장씩 둔다.

5 팬에 기름을 두르고 양념을 발라둔 깻잎 5장씩 살짝 구워낸다.

6 접시에 보기 좋게 담아서 내거나 용기에 담아서 냉장고에 보관한다.

월과채

월과채 4인분

Ingredients

애호박 1개, **도라지** 70g, **건표고버섯** 2개, **당근** 30g, **숙주** 100g, **배** 1/6개, **계란** 1개, **절편떡** 4개, **찹쌀가루** 80g, **잣** 3큰술

양념장 만들기

간장 1큰술, **설탕** 1작은술, **다진파** 1/2작은술, **다진 마늘** 1/2작은술, **깨소금** 1/2작은술, **참기름** 1/2작은술

How to make

1 애호박은 길이로 4등분하여 반을 자른 후, 애호박 속에 씨가 없으면 눈썹 모양으로 썰거나 타원형으로 가운데 씨를 V자로 도려내고 0.5cm로 썰어서 소금을 살짝 뿌려 간을 한다.

2 도라지는 4cm 길이로 납작 썬 다음 소금물에 담가 쓴맛을 제거한다.

3 표고버섯 물기를 제거한 후 뒷부분의 두꺼운 부분을 잘라 내고 어슷 썬다.

4 당근은 4cm 길이로 잘라 납작 썰기한다.

5 숙주는 거두절미하고 끓는 물에 데친 뒤 소금, 참기름으로 양념한다.

6 배는 껍질을 벗겨 납작 썰기 한 후 설탕물에 담갔다 건진다.

7 달걀은 황백 지단을 부친 뒤 0.2cm 두께로 골패형으로 썬다.

8 잣은 깨끗이 닦아 팬에 살짝 볶은 후 잣가루를 내어 키친 타올에 기름을 뺀다.

9 절편떡은 길이로 얇게 썰어 팬에 지진다. 또는 찹쌀가루에 뜨거운 물을 붓고 익반죽하여 경단 모양을 만들어 팬에 넙적하게 굽는다.

10 절여진 애호박의 물기를 제거하고 팬에 기름을 두르고 볶다가 다진 파, 다진 마늘을 약간 넣어 볶는다.

11 도라지의 물기를 배고 팬에 물을 약간 두르고 볶는다.

12 건표고버섯은 불려 간장, 설탕, 깨소금, 참기름 양념하여 팬에 기름을 두르고 볶는다.

Point

1. 월과채의 '월과'란 조선호박을 말하는데, 현대에서는 구하기 힘든 월과 대신 애호박을 사용한다.
2. 비슷한 음식으로는 중국의 고추잡채가 있는데, 고추잡채는 고추 혹은 피망과 죽순, 돼지고기 혹은 소고기를 채 썰고 살짝 매콤하게 볶은 중국 요리의 한 가지이다.

Story

1. 월과채(越瓜菜)는 조선시대 대표 궁중음식이자 전통음식 중 하나로 잡채의 일종으로 호박으로 만드는 고기와 버섯, 찰부꾸미를 섞은 잡채를 말한다. 여기에서 잡채(雜綵)란 여러 가지 채소를 섞는다는 뜻이다. 그러므로 월과채란 호박으로 만드는 잡채를 말한다.
2. 당면대신 찹쌀 부꾸미(전병)나 절편떡을 넣으며, 고조리서에는 고기를 안 넣었다고 한다.

수란채

수란채 1인분

Ingredients

전복 1/2마리(15미), **중하** 1마리, **대게살** 40g, **오이(백다다기)** 1/4개, **문어** 40g, **석이버섯** 15g, **배** 30g, **잣** 30g, **물(정수)** 60ml, **설탕** 1작은술, **식초** 2작은술, **소금** 약간

How to make

1 전복은 솔로 깨끗이 씻어서 데친 후 얇게 편으로 썬다.

2 중하는 껍질과 내장을 제거한 후 익혀서 편으로 게 썬다.

3 문어는 삶아서 편으로 설고, 대게는 쪄서 살을 발라낸다.

4 오이와 우엉은 얇게 썰어서 소금물에 절였다가 꼭 짜서 팬에 볶은 후 식혀준다.

5 달걀은 끓는 물에 식초를 넣고 반숙으로 익힌다.

6 배는 얇게 썰어서 심심한 소금물에 담궈서 건진 후 물기를 뺀다.

7 잣은 마른 팬에 살짝 볶아서 믹서기에 물을 넣고 곱게 갈아서 설탕, 식초, 소금으로 간을 하여 잣육수를 차갑게 만든다.

8 그릇에 준비한 재료들을 보기 좋게 놓고 가운데에 수란을 얹고 잣국물을 부어서 완성한다.

Point

1. 잣물 만들기는 잣 : 물 = 1 : 2 비율이 좋다.
2. 경주지방에서는 오이 대신 미나리를 사용하였으며, 수란과 해물의 익힘 정도가 매우 중요하다.
3. 수란과 해산물의 익힘 정도가 매우 중요하다.
4. 모든 재료들을 차갑게 유지하도록 온도에 유의해야 한다.

Story

1. 종가나 반가의 음식이 외부에 많이 알려지지 않았으나 시대가 변하여 많은 사람들이 공유하여 현재에는 세상에 많이 알려진 음식 중 하나이다.
2. 수란채는 귀한 손님이 왔을 때 대접하는 경주최씨 종가의 대표적인 내림 음식으로 유명하다.
3. 이 요리는 언제 생겨났는지는 알 수 없으나 조선시대 '시의전서'에 수란(水卵)으로 기록되어 있다.

대하 냉채

대하 냉채 4인분

Ingredients

대하 새우 4마리, **오이** 1/2개, **당근** 1/6개, **배** 1/6개, **연근** 60g, **죽순** 80g, **밤** 2개, **소금, 설탕** 약간

겨자 소스 만들기

연 겨자 1½큰술, **식초** 1½큰술, **레몬즙** 1½큰술, **설탕** 1½큰술, **파인애플 주스** 2⅓큰술, **소금, 후춧가루, 참기름** 약간

How to make

1 대하는 내장을 제거하여 끓는 물에 30초 정도 데쳐서 껍질을 제거한 후 등쪽으로 칼을 넣어 반으로 저며서 썬다.

2 오이는 4등분해서 씨를 제거하고 5cm 정도로 어슷썰기하여 소금을 약간 뿌려서 절인 후 찬물에 씻어서 물기를 짜준다.

3 당근은 모양을 내서 편으로 썰고, 배는 5cm 정도로 채 썬다.

4 깐 밤도 편으로 썬다.

5 죽순은 뜨거운 물에 담가서 석회질과 아린 맛을 제거하여 2cm 크기로 편을 썬다.

6 겨자소스 재료를 넣고 잘 풀어주고, 체에 내려준다.

7 새우, 오이, 당근, 배, 연근, 죽순, 밤을 소스에 버무려서 접시에 보기좋게 담아서 완성한다.

Point

1. 냄비에 양파, 대파, 마늘, 통후추 등을 넣고 야채수를 만들어 새우를 데치면 맛과 향이 좋다.
2. 새우에 마늘즙이나 배즙, 참기름으로 밑간을 약간하면 맛이 더욱 좋다.
3. 죽순이 없으면 사과나 배를 이용해도 좋다.
4. 기호에 따라서 토마토, 파프리카를 넣어도 무방하며, 잣소스를 만들어 사용해도 좋다.
5. 잣소스 만들기 : 잣 50g, 우유 50ml, 꿀 1큰술, 소금 약간을 넣고 믹서기에 곱게 갈아준다.

전주식 콩나물 잡채 4인분

Ingredients

콩나물 350g, **무** 100g, **삶은 고사리** 30g, **데친 미나리** 40g, **당근** 70g, **다진 생강** 10g, **3배 식초** 1/3큰술, **고춧가루** 40g, **다진 마늘** 35g, **통깨** 2큰술, **조선간장** 4큰술, **겨자** 10g, **설탕** 40g, **소금** 5g, **후추** 약간, **식용유** 약간

How to make

1 콩나물은 거두절미 해서 끓는 물에 2분 정도 데친 후 찬물에 넣고 식혀서 물기를 제거한다.

2 무는 채 썰어 소금을 약간 뿌려 버무려 절인 후 부드러워지면 물기를 꽉 짜 놓는다.

3 고사리는 머리 부분을 따내고 6cm 길이로 잘라 양념장(간장, 다진 마늘, 다진 파, 참기름, 깨소금, 생강)으로 양념하여 후라이팬에 식용유를 두르고 볶아서 식혀 놓는다.

4 미나리는 뿌리 부분을 자르고 6cm 길이로 잘라서 끓는 물에 살짝 데친 후 찬물에 식혀서 물기를 짜 놓는다.

5 겨자는 더운 물에 개어서 80℃ 물에 중탕으로 발효시킨다.

6 당근은 5~6cm 길이로 채썰어 소금을 약간 뿌려서 절인 후 후라이 팬에 기름을 두르고 살짝 볶아 놓는다.

7 위의 모든 재료인 콩나물, 무, 고사리, 미나리, 당근에 다진 마늘 다진 생강 고춧가루, 식초, 겨자, 설탕, 후추, 통깨를 넣고 살살 버무려서 완성한다.

Story

1. 조선 중기부터 전주성 남문 바깥에 섰던 한강 이남 최대의 전통시장인 전주 남부시장은 100년 이상을 넘게 모든 농산물을 공급해 온 장소이다. 특히 전주 콩나물은 쥐눈이 콩으로 콩나물을 길러서 키워 콩나물을 이용한 요리가 발달하였다.
2. 콩나물 잡채는 당면이 안 들어간 콩나물과 미나리 등의 채소에 갖은 양념을 넣어 세콤 달콤하게 무친 전주의 대표적인 향토음식이다.

잡채

잡채 4인분

Ingredients

소고기(우둔육) 50g, **표교버섯** 10g, **목이버섯** 3g, **당근** 30g, **홍 파프리카** 1/2개, **달걀** 1개, **노랑 파프리카** 1/2개, **당면** 60g, **삶는물** 1½컵, **간장** 2/3큰술, **설탕** 1/2큰술, **참기름** 2/3큰술, **통깨** 1/2큰술, **오이** 70g, **소금** 1/4작은술, **식용유** 1큰술

양념장 만들기

간장 1/2큰술, **설탕** 1/2작은술, **다진 파** 1/2작은술, **다진 마늘** 1/4작은술, **깨소금** 1/2작은술, **참기름** 1/2작은술, **후춧가루** 0.1g

How to make

1 소고기는 핏물을 닦고 길이 5cm, 폭 0.3cm 정도로 채썰어 양념장의 1/2양으로 양념한다.

2 표고버섯과 목이버섯은 물에 1시간 정도 불리고, 표고버섯은 기둥을 떼어내고 물기를 닦은 후 폭, 두께를 0.3~0.4cm 정도로 채 썰고, 목이버섯은 한 잎씩 떼어 나머지 양념장을 1/2을 넣고 양념한다.

3 오이는 깨끗이 씻어서 길이 5~6cm, 두께 0.3~0.4cm 정도로 돌려 깍은 후 0.3~0.4cm 정도로 채썰고, 당근은 손질해서 씻은 후 오이와 같은 길이로 채 썰고 각각 소금을 뿌려서 5분 정도 절인 후 물기를 짜준다.

4 양파는 손질하여 오이와 같은 크기로 자른다.

5 홍 · 노랑 파프리카도 손질해서 오이와 같이 채썬다.

6 달걀은 홍백지단을 부쳐 길이 4cm, 폭, 두께 0.3~0.4cm로 채 썬다.

7 팬을 달구어 식용유를 두르고 소고기, 표고버섯, 목이버섯을 넣고 중불에서 2분 정도 볶는다.

8 팬을 달구어 식용유를 두르고 오이, 당근, 양파, 청 · 홍 파프리카를 각각 볶아준다.

9 냄비에 물을 붓고 강불에서 물이 끓으면 당면을 넣고 8분 정도 삶아 건저서 20cm 정도 길이로 자른 다음 양념장을 넣고 무친다.

10 팬을 달구어 식용유를 두르고 중불에서 양념한 당면을 넣고 2분 정도 볶는다.

11 모든 재료를 함께 넣고 고루 버무려 담고 황백지단으로 고명하여 완성한다.

Point

1. 궁중잡채에는 도리지, 오이(납작채)를 넣는다.
2. 지역의 기호에 따라서 시금치, 도라지, 돼지고기, 대파 등 재료를 사용해도 무방하다.
3. 당면을 삶을 때에는 매끈하고 투명해 보이면 다 익은 것이다.

Story

잡채는 여러 가지 채소와 고기를 넣어 만든 전통 음식 중 하나로 조선시대 광해군 때 궁중연회에서 처음 선보였는데, 임금의 입맛을 사로잡았던 음식이 잡채라는 설이 있다.

황포묵

황포묵

Ingredients

녹두전분 2컵, **물** 13컵, **치자** 3개

비율

녹두 1 : 물 6.5~7

냄비가 얇고 불이 강하면 비율은 녹두 1 : 물 7

How to make

1 우려낸 치자물에 녹두전분을 넣고 거품기로 잘 풀어 섞어준다.

2 솥에 중불에서부터 나무주걱으로 잘 저어주면서 끓여준다.

3 치자의 노란물이 잘 섞이면서 죽처럼 되직해지도록 잘 저어준다.

4 쉬지 않고 잘 저어야 황포묵이 제대로 된다. 이때 불이 너무 강하지 않도록 주의한다.

5 농도가 되직해지면 솥 중앙에 큰 거품이 터지면서 색깔이 진해지고 주걱이 저어지지 않으면 불을 끈다.

6 5의 황포묵을 사각 틀이나 용기에 부어서 찬물에 식힌다.

사전 준비

1. 치자를 가위로 잘라 미지근한 물에 담그어 노란 물이 나오도록 잘 우려낸다.
2. 황포묵을 굳힐 사각 틀이나 용기를 준비해 놓는다.

Story

1. 황포묵은 녹두로 만드는데, 녹두(綠豆)를 갈아 앙금으로 만든 청포묵은 색깔이 곱지 않은 게 흠이어서 전주사람들이 보기에도 좋게 노란 치자물을 들여 멋을 냈다.
2. 과거 관직에는 품계에 따라 관복의 색이 정해서 있었다. 종3품에서 6품까지는 청색의 청포(淸袍), 정3품 이상은 붉은색의 홍포(紅袍) 그리고 임금은 노란색의 황포(黃袍)를 입었다. 바로 임금을 상징하는 색깔, 최고를 의미하는 색깔이 노란색이었다. 그래서 녹두로 만든 묵이 최고의 음식이라는 의미를 담기 위해 노란색의 치자물을 드려서 만들었다고 유래되고 있다.
3. 녹두는 100가지 독을 치유하는 천연 해독제로 불리였고, 신진대사를 촉진해 주는 건강 식재료로 알려지고 있으며, 치자는 동의보감에 냉을 다스리고, 신진대사 촉진, 해독작용을 해 주며녹두와 가장 잘 어울리는 식재료이다.

녹두빈대떡 & 연근전

녹두빈대떡 & 연근전 4인분

Ingredients

불린 깐녹두 500g, **불린 고사리** 200g, **숙주나물** 200g, **쪽파(대파)** 90g, **배추김치** 200g, **다진 대파** 3큰술, **다진 돼지고기** 300g, **다진 마늘** 1/2큰술, **진간장** 1큰술, **참기름** 1큰술, **맛술** 2큰술, **찹쌀가루(찹쌀)** 3큰술, **후춧가루** 1/2작은술, **깨소금**, **소금** 1작은술, **물** 400ml

초간장 만들기

양조간장 3큰술, **식초** 1큰술, **양파** 1/4개, **풋고추** 1개

1. 양파는 얇게 채 썰고, 풋고추는 씨를 빼지말고 채 썰어 준다.
2. 분량의 재료에 섞어준다.

연근전 만들기

연근, 달걀, 부침가루(밀가루), 소금, 후추, 식용유

1. 연근을 적당한 두께로 썰어서 냄비에 물을 붓고 식초를 약간 넣은 후 연근을 넣고 데친다.
2. 데친 연근을 건져서 찬물에 식혀서 헹군다.
3. 연근에 부침가루(밀가루)를 앞뒤로 묻혀서 풀어 놓은 달걀물에 묻힌다.
4. 팬에 식용유를 두르고 앞뒤로 뒤집어 가면서 노릇하게 구워 준다. 이때 쑥갓이나 홍고추를 잘게 썰어서 연근이 거의 익었을 때 고명으로 올려 주면 좋다.

How to make

1 깐 녹두는 6시간 정도 물에 잘 불려준다. 이때 불린 녹두가 손으로 눌렀을 때 쉽게 으깨지면 잘 불린 것이다.

2 불린 녹두를 물기를 빼고 믹서기에 물을 넣고 갈아준다. 이때 식감을 위해서 너무 곱지 않게 갈아 준다.

3 불린 고사리는 송송 썰어준다.

4 숙주는 데치지 말고 한번 씻어서 물기를 빼고 송송 썰어준다.

5 김치는 국물만 살짝 짜서 송송 썰어준다.

6 다진 돼지고기는 분량의 양념(다진 마늘, 진간장, 참기름, 맛술, 후춧가루, 깨소금)으로 양념한다.

7 믹싱볼에 모든 재료를 혼합하여 녹두빈대떡 반죽을 한다.

8 팬에 식용유를 넉넉하게 두르고 달궈서 반죽을 국자로 떠서 올리고 녹두빈대떡이 익을때까지 노릇노릇하게 천천히 부쳐준다. 이때 반죽의 두께와 크기를 조절하여 떠서 약불로 부치면 기름을 다 빨아 먹기 때문에 강불로 부쳐야 한다.

9 녹두빈대떡에 초간장을 곁들여서 완성한다.

Point

1. 껍질이 있는 녹두는 물에 불려서 손으로 조물조물 껍질을 벗기고 물을 부어 여러 번 일어준다.
2. 녹두는 실온에서 여름철에는 3시간, 겨울철에는 6시간 물에 불리는데, 녹두에 전분성분이 많아 빨리 쉬는 경우가 있으므로 주의한다.
3. 찹쌀가루가 없으면 찹쌀, 멥쌀가루로 대체하여 넣기도 하며, 녹두를 불릴 때 찹쌀을 함께 불려도 된다. 왜냐하면 불린 녹두를 믹서기에 갈 때 불린 찹쌀을 함께 갈아주면 되기 때문이다.
4. 숙주를 안 데치는 이유는 식감을 맘지 말고 한번 씻어서 물기를 빼고 송송 썰어준다.
5. 안 불린 녹두 1컵은 불린 녹두 23/4컵 또는 500g과 같은 분량이다.
6. 녹두빈대떡은 다른 전에 비하여 익는 시간이 많이 걸리며, 한쪽 면이 충분히 익으면 뒤집어서 익혀준다.

Story

1. 옛날에는 촉촉하고 부드러운 식감을 위해서 불린 녹두를 맷돌에서 녹두의 양에 맞춰 물을 넣으며 갈았다. 이러한 우리 조상들의 지혜를 알 수가 있다.
2. 우리나라 광복이후 가난하고 배고팠던 서민들의 허기를 달래줬던 대표음식으로 돈이 없을 때 고기 맛이 나서 고기 대신 즐겨 먹었다고 한다. 흘러간 옛 노래인 '빈대떡 신사'와 어머님이 좋아하셨던 음식이기에 어머님 생각이 난다.
3. 녹두는 녹말과 단백질이 풍부해 피부병 치료와 해독작용, 해열작용에 효능이 좋다.

장떡 4인분

Ingredients

부추 1/3단, **청양고추** 3개, **애호박** 1/4개, **밀가루** 10큰술, **고추장** 2큰술, **된장** 1큰술, **물**, **식용유** 100ml

How to make

1 부추는 깨끗하게 씻어서 3cm 길이로 다듬어 준비한다.

2 청양 고추는 잘게 썰고, 애호박은 채 썬다.

3 밀가루에 된장 : 고추장을 1 : 2 비율로 넣고, 물을 부어 섞는다. 이때 농도에 주의한다.

4 손질한 부추와 청양고추, 애호박, 가죽나물을 반죽에 넣고 잘 섞어 준다.

5 달궈진 팬에 기름을 두르고 반죽을 적당한 크기로 얇게 펴 부친다.

Point

전을 부칠 때에는 팬에 식용유를 부을 때 식용유 양을 주의한다.

Story

1. 장떡은 찹쌀가루에 된장과 고추장을 섞어 반죽하여 기름 두른 번철에 지져낸 음식으로 뜨거울 때보다 식어서 쫀득쫀득할 때 제 맛이 나며, 옛날에는 먼 길을 떠날 때 비상식량으로 요긴하게 이용하였다.
2. 건가죽나물을 물에 불린 후, 끓는 물에 삶아서 찬물로 여러 번 헹군 후 먹기 좋게 적당한 크기로 잘라서 장떡 반죽에 넣고 부치면 좋다.

메밀총떡

메밀총떡 4인분

Ingredients

메밀가루 1컵, **부침가루** 1/3컵, **소금** 1작은술, **물** 2$\frac{1}{2}$컵, **식용유** 2큰술

소 만들기

김치 200g, **다진파** 1/2큰술, **다진마늘** 1/2큰술, **참기름** 1큰술, **깨소금** 1작은술

양념장 만들기

간장 1/2작은술, **설탕** $\frac{1}{4}$작은술, **파, 마늘, 후춧가루, 참기름** 약간

소스 만들기

땅콩버터 1큰술, **마요네즈** 1큰술, **사이다** 3큰술

How to make

1 메밀가루에 밀가루, 소금 간을 하고 물을 부어 농도를 조절하면서 약간 묽게 반죽하여 준다. 이때 30분 정도 숙성해 주면 좋다.

2 김치는 국물을 꽉 짜서 잘게 썬다.

3 잘게 선 김치에 다진 마늘과 파, 깨소금, 참기름을 넣고 버무려서 소를 만든다.

4 팬에 참기름을 두르고 잘게 썬 김치를 볶아서 식혀준다.

5 프라이팬을 예열해서 식용유를 두르고 반죽을 원형으로 펴주면서 얇게 부친다. 이때 어느 정도 익으면 뒤집어서 반대쪽도 익혀준다.

6 5의 전병을 깔고 그 위에 소를 길게 적당히 놓고, 풀리지 않도록 돌돌 말아 준다.

7 접시에 메밀 총떡을 적당한 크기로 썰어서 담고 양념장이나 소스와 함께 제공한다.

Story

1. 총떡은 강원도의 향토 음식으로 모양새가 마치 총대처럼 길어서 총떡으로 불리운다.
2. 총떡은 추억의 먹거리고 추석 명절음식, 제사상에 올리는 음식으로 메밀전병이라고도 한다.
3. 강원도에서는 메밀총떡, 경상북도에서는 총떡, 메밀전, 제주도는 소의 차이는 있으나 빙떡이라고 한다.

맥적구이

맥적구이 4인분

Ingredients

돼지 목살 400g, **부추** 10g, **마늘** 10g, **생강** 3g, **포도씨유** 2큰술, **계절 생채**

된장 양념장 만들기

된장 1큰술, **물** 1큰술, **청장** 1큰술, **조선간장** 1큰술, **맛술** 1큰술, **설탕** 1/2큰술, **조청** 1큰술, **꿀** 1/2큰술, **참기름** 1/2큰술, **깨소금** 1/2큰술, **다진 마늘** 1작은술

생채 양념장 만들기

국간장 1작은술, **고춧가루** 1작은술, **식초** 1큰술, **설탕** 1/2작은술, **깨소금** 1/2작은술, **생채** 50g

1. 분량의 재료를 넣고 양념장을 만든다.
2. 한입 크기로 썬 생채를 넣고 살살 무쳐 준다.

How to make

1 돼지 목살을 1cm 두께로 썰어 잘게 칼질을 넣어 준다.

2 부추는 송송 썰고 마늘은 굵게 다진다.

3 된장에 물을 약간 넣고 풀어서 분량의 모든 양념을 넣고 된장 양념장을 만든다.

4 썰어 놓은 돼지 목살에 부추, 다진 마늘, 된장 양념장을 넣고 고루 버무린다.

5 양념이 배이면 달군 팬에 식용유를 두르고, 굽거나 직화에 구워서 먹기 좋은 크기로 썬다.

6 접시에 구운 맥적과 생채 무침, 쌈 채소 등을 곁들여서 낸다.

Point

1. 맥적(貊炙)은 된장을 넣어 맛을 냈으므로 상추에 싸서 먹을 때 별도의 쌈장은 필요 없다.
2. 달래, 부추, 파, 미나리 등 계절에 나는 여러 가지 생채를 채 썰어서 양념장을 넣고 상큼하게 무쳐서 곁들이면 좋다.
3. 구운 고기를 낼 때는 상추 등의 잎채소나 쌈 채소를 내어 쌈으로 싸서 먹으면 좋다.

Story

1. 우리나라의 전통적인 고기구이는 맥적(貊炙)에서 유래되었다고 한다. '맥(貊)'은 지금의 중국 동북 지방을 가리키는 말로 옛날에는 고구려를 지칭하는 말이다.
2. 맥적은 고구려의 고기구이를 말하는데, 돼지고기를 된장 양념에 재운 뒤 꼬챙이에 꿰어서불에 구워 만든 요리이다.
3. 맥적은 고려시대 후기부터 중국의 영향을 받아 불고기, 갈비를 해 먹기 시작했는데, 그 후 불고기는 조선시대에 와서 궁중요리 너비아니로 발전하게 되었다.
4. 2007년 남북정상회담 당시 답례 만찬으로 주 메뉴는 화합과 평화를 상징하는 전주 비빔밥이었다 여기에 찬품으로 제주 흑돼지 맥적구이가 올랐다. 당시 국내 호텔 요리사들이 평양에 머물면서 음식을 준비했는데, 식재료를 모두 남측에서 실어 가져갔다고 한다.

너비아니

너비아니 4인분

Ingredients

소고기 채끝살(안심) 300g, **새송이버섯** 2개, **쪽파** 10대, **잣가루** 약간

양념장 만들기

진간장 3큰술, **설탕** 2큰술, **배즙** 3큰술, **꿀** 1/2큰술, **다진 대파** 1큰술, **다진 마늘** 1/2큰술, **생강즙** 1/2큰술, **깨소금** 1/2작은술, **참기름** 1큰술, **후추가루** 약간

How to make

1 소고기는 핏물을 닦아내고 기름기나 힘줄을 제거하여 1cm 두께로 도톰하게 결 반대방향으로 썰어 준비한다.

2 배는 강판에 갈아서 고운체에 걸러서 배즙을 만든다.

3 배즙에 진간장, 설탕, 꿀, 다진 대파, 다진 마늘, 생강즙, 깨소금, 참기름, 후추가루를 넣고 섞어서 양념장을 만든다.

4 소고기에 양념을 겹겹이 바르면서 조물 조물 주물러서 30분 정도 재워둔다.

5 달군 팬에 한 장씩 펴서 구워준다.

6 새송이버섯은 적당한 크기와 두께로 썰어서 팬에 굽는다.

7 접시에 소고기와 새송이 버섯을 보기 좋게 놓고 다진 쪽파, 잣가루를 뿌려서 완성한다.

Story

1. 너비아니는 궁중식 불고기로 소고기를 칼로 다져 양념하여 넓적하게 구워낸 음식을 말한다. 상고시대부터 내려오는 고기구이 요리인 맥적(貊炙)의 시초인 너비아니는 고려시대 불교의 영향으로 살생금지와 육식 절제로 소의 도살법과 조리법이 잊혔으나 몽골의 영향으로 고기요리법을 다시 되찾으면서 개성에서 설하멱(雪下覓)이라는 이름의 고기 구이가 생겨났고 훗날 궁중 요리를 중심으로 너비아니의 조리법이 정착하게 되었다.
2. 조선 중기까지 궁중에서 먹어왔으나 조선 후기에 조리법이 널리 퍼지면서 조리과정을 줄인 섭산적 등의 여러 가지 다양한 조리법이 등장하여 일제강점기 이후 조선왕조의 숙수들이 민간에 녹아들면서 더욱 널리 퍼지게 되었다.
3. 너비아니라는 이름은 고기를 너붓너붓 썰었다고 붙여졌다고 하는데, 불에 구운 고기를 가리키는서울 방언이 특정 요리의 명칭으로 퍼진 것으로 보인다.

양념 등갈비 구이

양념 등갈비 구이 4인분

Ingredients

돼지 등갈비 900g, **양파** 1/4개, **풋고추** 4개, **새송이버섯** 1/2개, **양념장**

양념장 만들기

진간장 1/2컵, **물** 3컵, **올리고당(황물엿)** 3큰술, **참치액(멸치액)** 6큰술, **흑설탕** 50g, **다진마늘** 3큰술, **다진생강** 1큰술, **후춧가루** 1작은술

How to make

1 돼지 등갈비의 갈비뼈와 갈비뼈 사이에 있는 살코기를 중심으로 뼈 반, 살 반으로 자른다.

2 자른 등갈비를 찬물에 담궈서 핏물을 제거하여 체에 받쳐 물기를 뺀다.

3 뜨거운 팬에 식용유를 두르고 등갈비를 색깔이 나게 구우면서 뒤집어 준다. 이때 마이야르 반응이 일어나서 더 맛이 나기 때문에 다 구워지면 기호에 따라서 양파와 버섯 등을 적당한 크기로 썰어서 넣고 볶아 주면 좋다.

4 만들어 놓은 양념장을 2에 붓고 끓여서 양념국물이 졸여질 때까지 졸여 준다.

5 접시에 양념 등갈비를 보기 좋게 담아서 실파와 통깨를 뿌려서 완성한다.

Point

1. 등갈비를 끓는 물에 데치면 육즙이 나오는 것을 방지해 준다.
2. 필자의 조리경험에 의하면 등갈비가 신선하면 조리시간의 단축을 위해서 찬물에 담궈서 핏물을 제거하고 끓는 물에 데치지 않아도 된다.

Story

1. 돼지고기는 소고기에 비하여 비타민 B1 함유량이 10배 정도 많다.
2. 돼지 등갈비는 높은 단백질 함유량으로 면역력 증강과 신지대사 활성화에 도움을 주어 피로감소 효과가 있다.
3. 마이야르 반응(Maillard Reaction)이란 아미노산과 환원당 사이의 화학반응으로 음식의 조리 과정 중 색이 갈색으로 변하면서 풍미가 나타나는 일련의 화학반응을 말한다. 예를 들어 고기를 굽거나 볶을 때 고기 표면에서 수분이 제거되면서 마이야르 반응이라는 화학반응이 일어난다. 이로 인해 고기의 색은 먹음직스러운 갈색으로 변하고 침샘을 자극하는 향기가 생겨난다. 마이야르 반응은 온도와 깊은 관련이 있는데 이러한 반응을 일으키기 위해서 130℃~200℃의 높은 온도에서 구워야 한다.

제육볶음

제육볶음 4인분

Ingredients

삼겹살 300g, **목살** 300g, **당근** 1/5개, **양파** 1/2개, **대파** 1/4개, **풋고추** 2개, **콩나물** 50g, **식용유** 1큰술, **깻잎** 4장

양념장 만들기

고추장 1⅓큰술, **굵은 고춧가루** 3큰술, **양조간장** 3큰술, **맛술** 2큰술, **참기름** 1큰술, **설탕** 20g, **올리고당(물엿)** 20g, **다진 마늘** 8쪽, **후추가루** 1/5작은술, **생강(생강가루)** 1작은술, **통깨** 1큰술

How to make

1 삼겹살과 목살을 5cm 크기로 썰어서 양념장에 2시간 이상 재워서 숙성시켜 놓는다.

2 당근, 양파, 풋고추는 먹기 좋은 크기로 썰어서 준비하고, 대파는 엇비슷 썰기로 썰어 놓는다.

3 콩나물은 손질하여 흐르는 물에 씻어서 물기를 제거해 준다.

4 팬에 식용유를 두루고 밑간한 고기를 넣고 볶다가 당근, 양파, 풋고추, 콩나물 순서로 넣고 익을 때까지 볶아준다. 이때 식용유 대신 물을 약간 넣고 볶아주면 좋다.

5 접시에 볶은 제육을 보기 좋게 담아서 홍고추, 청양고추, 볶은 통깨를 부려서 완성한다.

Point

1. 고기를 볶을 때 식용유를 두르고 고기를 볶는 것이 일반적이나 물로 볶으면 고기의 맛이 더욱 담백해지며, 돼지고기에서도 기름이 나오기 때문이다.
2. 물로 볶을 때 팬을 뜨겁게 가열해서 볶아야 효과가 있으며, 물이 수증기 열로 변화하기 때문이다.
3. 덮밥 그릇에 제육볶음을 담고 깻잎, 상추, 김가루, 통깨, 참기름을 두루고 공기밥과 함께 제공하면 "제육덮밥"이 된다.

Story

1. '제육'은 한자로 저육(豬肉 ; 돼지고기)을 뜻하는데, 돼지 '저(豬)' 글자인 저육에서 유래되어 사용하다가 제육으로 변경되었다. 일반적으로 돼지를 의미하는 한자에는 돈(豚 ; 집돼지), 저(豬 ; 멧돼지, 산돼지)가 있는데, 조선시대에는 돼지 사육과 돼지고기 섭취가 적어서 멧돼지나 산돼지를 사냥하여 고기로 사용했던 것이 제육볶음의 유래로 추정된다.
2. 두루치기는 두루두루 어우러진다 라는 의미로 돼지고기에 양념과 채소를 넣고 볶아서 육수를 넣어 끓여낸 찌개류에 가까운 요리이다.

소고기 등심구이와 조선간장 드레싱

소고기 등심구이와 조선간장 드레싱 1인분

Ingredients

소고기(채끝) 180g, **진간장** 1작은술, **매실청** 1/2큰술, **참기름** 1/2큰술, **후추가루** 약간, **그린 샐러드(양상추, 그린 치커리, 어린잎, 크레송)** 100g, **적양파** 50g, **홍고추** 1/2개, **아스파라거스** 2개 **잣** 5g

드레싱 만들기

진간장 1/2큰술, **발사믹 식초** 2큰술, **생들기름** 4큰술, **레몬즙** 1큰술, **다진 대추** 1큰술

How to make

1 소고기는 채끝 등심을 2cm 두께로 썰어 키친 타올로 핏물을 제거한다.

2 소고기 양념장을 재운다.

3 샐러드는 먹기 좋은 크기로 자르고 양파와 풋고추는 곱게 채썰어 찬물에 헹궈 물기를 뺀다.

4 달군 팬에 소고기를 굽기 정도에 맞게 구워서 먹기 좋게 썬다.

5 샐러드를 드레싱에 묻혀서 구운 고기와 함께 보기 좋게 놓고, 잣가루를 뿌려서 완성한다.

무조림

무조림

Ingredients

무 1/4개, **청양고추** 1개, **만능육수**, **통깨** 약간

양념장 만들기

만능육수 200ml, **고춧가루** 1큰술, **설탕** 1작은술, **다진 마늘** 1작은술, **다진 파** 1큰술, **들기름** 1/2큰술

How to make

1 무를 1.5cm 두께로 썬 후 만능 육수 또는 물에 푹 삶아준다.

2 삶은 무를 건져서 양념장을 무 위에 얹어 붓는다.

3 청양고추를 썰어서 얹고 졸여 준다.

4 접시에 담아서 통깨를 뿌려서 제공한다.

연근조림

Ingredients

연근 2개(500g), **간장** 3큰술, **식초** 2큰술, **맛술** 1큰술, **설탕** 1/2큰술, **조청** 4큰술, **참기름** 1큰술, **통깨** 1큰술

조림 양념장 만들기

진간장 4큰술, **흑설탕** 2큰술, **다시마 물** 1/2컵

How to make

1 연근은 껍질을 벗겨 적당한 두께로 얇게 썬다. 이때 조리시간의 단축과 아삭한 식감 정도에 따라서 연근 두께를 3mm~4mm로 조절하여 썰어도 된다.

2 연근을 물에 식초를 약간 넣고 10분 정도 담궜다가 채에 물기를 뺀다.

3 끓는 물에 연근을 3분 정도 살짝 데친 후 물기를 뺀다.

4 냄비에 참기름을 두르고, 데친 연근을 넣고 센 불에서 볶다가 조림 양념장을 넣고 약불에서 10분 정도 더 볶으면서 양념장 국물이 없을 때까지 조린다.

5 조청을 넣고 버무려서 통깨를 뿌려서 마무리한다.

우엉조림 4인분

Ingredients

우엉 1대(300g), **마늘** 3개, **대추** 4개, **풋고추** 1개, **들기름** 2큰술, **간장** 3큰술, **식초** 2큰술, **맛술** 1큰술, **설탕** 1/2큰술, **조청** 4큰술, **참기름** 1큰술, **통깨** 1큰술

조림 양념장 만들기

진간장 4큰술, **흑설탕** 2큰술, **맛술** 2큰술, **다시마 물** 1/2컵

How to make

1 우엉은 껍질을 살살 긁어서 깎어준다.

2 ①을 적당한 두께로 얇게 어슷썰기 하여 가늘게 채를 썬다.

3 채를 썬 우엉을 찬물에 넣고 헹궈서 채에 걸러서 물기를 뺀다.

4 둥근 팬에 들기름을 두르고 채를 썬 우엉을 볶아 준다.

Point

1. 대추를 돌려 깎기 하여 채를 썰어 고명으로 올려도 좋다.
2. 마늘은 편으로 썰고, 풋고추는 반으로 잘라서 씨를 빼고 가늘게 채 썰어 만들어도 좋다.
3. 우엉 특유의 떫고, 아린 맛을 제거하기 위해 연한 식초 물에 담궈 놓아도 좋다.
4. 참기름을 사용하지 말고 들기름을 사용하면 좋다.

Story

우엉에는 항산화 효과가 있어 노화방지에 좋고, 식이섬유가 풍부해서 소화 기능에 좋다.

궁중 떡볶이

궁중 떡볶이 2인분

Ingredients

가래떡 150g, **소고기** 60g, **표고버섯** 1개, **오이** 1/10개, **당근** 1/20개, **양파** 1/6개, **달걀** 1개, **식용유** 1큰술, **진간장** 1작은술, **설탕** 1작은술, **참기름** 2작은술, **올리고당** 2작은술, **통깨** 1/2작은술, **육수** 1/2컵

소고기 양념

진간장 1작은술, **설탕** 1작은술, **참기름** 1/2큰술, **다진 마늘** 1/2작은술, **다진 파** 1작은술, **깨소금, 후추가루** 약간

떡 양념

진간장 1작은술, **참기름** 1/2큰술

사전 준비 : 황백지단 부치기

1. 달걀을 흰지와 노른자로 분리하여 노른자는 알끈을 제거하고, 흰자는 덩어리를 잘 풀어서 달걀 물을 만든다. 이때 흰자의 덩어리를 풀어줄 때 거품이 생기면 모양이 안 좋아지므로 거품을 걷어내 준다.
2. 팬에 열기가 있을 때 식용유 약간 두르고, 키친타올로 식용유를 골고루 묻혀서 닦아주고 약불에서 달걀 노른자와 흰자를 스푼으로 넓게 펴 주면서 부친다. 이때 부치고 있는 지단의 가장자리 쪽에 나무 젓가락을 살살 집어넣고 잘 뒤집어 준다.
3. 부친 지단을 한 김 식힌 후 5cm 길이로 채로 썰어준다.

How to make

1 가래떡을 cm길이로 썰어서 4등분한다. 끓는 물에 가래떡을 살짝 데쳐서 물을 뺀다. 이때 가래떡이 방앗간에서 만든 지 얼마 안 되어 말랑말랑하면 물에 데치는 과정을 생략해도 된다.

2 떡 양념을 만들어 믹싱볼에 넣고 데친 떡을 넣고 조물조물 무친다.

3 소고기는 핏물이 있으면 키친타올로 제거한 후 가늘게 채 썰고, 표고버섯도 밑동을 떼고 가늘게 채 썬다. 이때 건표고버섯이면 미지근한 물에 불려서 넣으면 표고버섯의 향과 식감이 좋다.

4 소고기 양념을 만들어서 잘게 썬 소고기와 표고버섯을 넣고, 조물조물 무친다.

5 당근, 양파, 오이는 가늘게 채 썬다.

6 뜨거운 팬에 식용유를 두르고, 양념한 소고기와 표고버섯을 넣고 볶은 후 소고기가 익으면 당근, 양파, 오이를 넣고 볶는다.

7 6에 가래떡과 육수를 넣고 잘 어우러지도록 볶아서 그릇에 담는다.

8 7에 통깨를 뿌리고 황백지단을 올려서 완성한다.

Story

1. 궁중 떡볶이는 간장 양념에 재어둔 소고기를 떡과 채소를 넣고 볶아서 만든 궁중에서 먹던 떡볶이다.
2. 조선 선조 류운룔의 겸암집(1595년)과 김흥락의 서산집(1907)에 떡볶이가 제사, 잔치 등 의례상에 올랐다는 기록이 있으며, 영조 27년 조선 왕가의 일가를 다룬 승정원일기(1751)에 잔치를 하고 남은 떡에 표고버섯과 고기를 같이 볶아 별식으로 즐겼다는 하는데 이것이 궁중 떡볶기의 시초라고 하며 궁중에서 먹던 간식이 되었다고 한다.
3. 조선 말기의 조리서인 시의전서(1896년)와 규곤요람(1879년)에도 흰 가래떡과 소고기 등심, 버섯, 참기름, 간장, 파 등을 함께 볶아 만든 궁중음식으로 설명하고 있다.
4. 우리나라 사람들이 즐겨먹는 고추장 떡볶이는 한국 전쟁 직후에 개발된 음식으로 이후 길거리 음식으로 변하였다.

오징어순대

오징어순대 6인분

Ingredients

오징어 3마리, **두부** 200g, **소고기** 100g, **숙주나물** 100g, **표고버섯** 3개, **풋고추** 3개, **홍고추** 1개, **달걀** 1개, **밀가루** 4큰술, **이쑤시개(요지)** 3개

소 만들기

다진 파 2작은술, **다진 마늘** 1작은술, **참기름** 1작은술, **깨소금** 1작은술, **소금** 1큰술, **후춧가루** 1/8작은술

초간장 만들기

간장(양조간장) 2큰술, **생수** 2큰술, **식초** 2큰술, **설탕** 1작은술

How to make

1 오징어는 배를 가르지 않고 다리를 당겨 속을 깨끗이 씻고 내장은 떼어 낸다.

2 다리는 끓는 물에 데쳐 내어 잘게 다진다.

3 두부는 으깨어 물기를 짜고 소고기는 곱게 다진다.

4 숙주는 삶아서 송송 썰어 물기를 짠다. 표고버섯은 뜨거운 물에 불려 다진다.

5 풋고추와 홍고추는 갈라서 씨를 빼고 다진다.

6 오징어 다리, 두부, 소고기, 숙주, 표고버섯, 고추를 합하여 양념으로 간을 한다. 여기에 달걀을 넣고 고루 섞은 다음 한참 치대어 소를 만든다.

7 오징어의 몸통 속을 마른 행주로 잘 닦아 밀가루를 묻혀 6의 소를 2/3 정도만 채워 넣고 꼬치로 입구를 꿰어둔다.

8 김이 오른 찜통에 속을 채운 오징어를 넣어 찐다음 식으면 1㎝ 두께로 둥글게 썬다. 초간장을 곁들여 낸다.

Point

오징어에 소를 넣은 후 찌기 전에 오징어 몸통 전체에 바늘 침을 주어서 쪄내어야 익으면서 순대 속에 생기는 수분이 밖으로 빠져 나온다. 또한, 식으면서 내용물이 단단해지고 속과 몸통이 분리되지 않는다.

Story

강원도의 대표 향토음식이다.

김부각

김부각 45인분

Ingredients

김 45장, **찹쌀가루** 100g, **채수(물)** 1ℓ, **통깨** 3큰술, **소금** 약간, **식용유** 1ℓ

채수 만들기

물 1ℓ, **대파** 1/4개, **양파** 1/4개, **마늘** 3개, **소금** 1/2큰술

찹쌀죽 만들기

1. 찹쌀가루 100g에 채수 500ml를 넣고 덩어리 없어 잘 풀어준다. 이때 채수를 나누어서 넣고 풀어주면 잘 풀어지며, 찹쌀가루와 채수의 비율은 1 : 5이다.
2. 냄비에 1을 넣고 잘 저어주면서 끓으면 중불로 조절하여 걸죽하게 죽이 되면 소금으로 약간 간을 하여 뜸을 들여서 차게 식힌다. 뜸을 약간 들이는 이유는 쓴맛이 없어지며, 단맛이 상승한다.

How to make

1 김은 김밥용 김으로 두꺼운 것으로 티가 없이 손질해 둔다.

2 찬물에 채소를 넣고 끓여서 채수를 만들어 놓는다.

3 김 한 장을 절반으로 접어서 반쪽만 찹쌀풀 한 큰술을 펴 바른다.

4 반 접은 나머지 김 위에 찹쌀풀 2큰술 정도를 고루 발라 통깨를 뿌린 후 비닐 위에 올려 놓고 꾸덕할 때까지 말린다.

5 김이 잘 말랐을 때 적당한 크기로 자른다.

6 냄비에 식용유를 붓고 150℃~160℃ 온도에서 잘라놓은 김을 한 장씩 튀겨낸다. 이때 빠른 속도로 김을 튀겨야 타지 않는다.

7 튀긴 김은 비닐 봉지나 밀폐용기에 담아서 보관한다.

Point

1. 김밥용 김의 무게는 보통 두꺼운 것이 1장의 2.2g, 10장이면 22g이다.
2. 부각은 하지에서 추분까지는 눅눅해서 누구러지므로 만들 때 유의해야 하며, 가을과 겨울, 봄에 바삭바삭한 맛의 별미를 즐길 수 있다.
3. 말린 김은 봉지에 담아서 수분이 들어가지 않게 잘 포장하여 냉동 보관하며, 금방 먹지 않을 경우에는 눅눅해지지 않게 잘 보관한다.
4. 통깨 대신 들깨, 잣, 건과류 등을 사용해도 좋다.
5. 기호에 따라서 튀겨진 김부각의 한쪽 면에 꿀을 살짝 발라도 무방하며, 청장으로 간을 맞추면 더 깊은 맛이 낼 수 있다.
6. 바삭바삭하고 고소한 맛이 잘 어우러지며 남녀노소 누구나 좋아하는 우리의 전통음식이자 전통반찬이라고 할 수 있다.

Story

본 김부각은 식품명인 제52호 이명순 명인께 배워서 필자가 내용을 보완하여 완성한 레시피이다.

모둠 채소 장아찌

모둠 채소 장아찌 10인분

Ingredients

총각무(알타리무) 300g, **오이** 5개, **양파** 3개, **청양고추** 5개, **홍고추** 3개, **마늘종** 200g, **깻잎** 20장, **작은 당근** 1/2개, **생강** 1쪽

장물 만들기

진간장 3컵, **물** 3컵, **설탕** 2컵, **매실청** 1컵, **검정 통후추** 1큰술, **식초** 2$\frac{1}{4}$컵

How to make

1 오이는 깨끗이 씻어서 물기를 제거하고, 길이로 4등분하여 씨 있는 가운데를 도려내고 4cm로 썬다.

2 당근은 오이 두께보다 조금 얇게 썬다.

3 알타리무(일반 무)는 0.8cm 두께로 설어서 슬라이스하고, 청양고추와 홍고추는 3cm로 썬다.

4 양파는 반으로 자른 후 한 입 먹기 좋은 크기로 썰고, 마늘종은 4cm 길이로 썬다.

5 깻잎은 꼭지를 묶는다.

6 모든 재료를 통에 담는다.

7 냄비에 간장, 물, 설탕, 검정 통후추를 붓고 끓기 시작하면 5분 더 끓여서 식초, 소주를 부어 끓여서 한소금 식혀서 채소에 붓는다. 이때 장물이 완전히 식으면 뚜껑을 덮어서 냉장고에 보관한다.

8 2~3일 지나서 장물을 끓여 완전히 식힌 후 장아찌에 부어 냉장고에 넣고 두고 먹는다.

Point

1. 서양요리에 피클이 있다면, 우리나라에는 고유의 장물로 만드는 채소 저장식품인 채소장아찌가 있다.
2. 채소 장아찌는 기호에 따라서 질감이 단단한 모든 채소는 대체 가능하므로 풋고추, 연근, 셀러리가 있으면 넣어도 좋다.
3. 냉장 보관할 때 용기 안에 채소가 뜨면 무르니 뜨지 않게 눌러서 보관하면 좋다.
4. 장물을 만들 때 소주 1/2컵을 넣으면 좋다.

Story

1. 궁중반가 음식인 장아찌는 임금님도 입맛 없을 때 찾았던 장아찌로서 반찬 없는 밥상에 올려 먹는 소박한 반찬이다.
2. 여러 달을 장 속에서 맛이든 장아찌는 꺼내서 그대로 먹기도 하지만 대개는 참기름을 비롯한 갖은 양념을 넣어 무쳐 먹는다. 일부러 짭짤하게 간을 했기 때문에 입맛이 없을 때 장아찌 한두 가지만 있으면 쉽게 입맛을 돌릴 수 있다.
3. 예전의 장아찌는 궁중에서 특별히 장과라고 부를 만큼 귀하고 품격 있는 음식이었다. 산해진미에 둘러싸인 왕이라 하더라도 종종 입맛을 잃을 때가 있었고, 그때마다 상에 올라 임금님의 입맛을 살려 주던 음식이다
4. 간장의 '간'은 소금의 짠맛을 내고, 된장의 '된'은 되직한 것을 말하는 것으로 우리 고유의 발효 식품이다. 『위지』 동이전 고구려조에 고구려 사람들이 『선장양(善醬釀)』이라 하였는데 이는 발효 식품을 잘 만든다는 뜻이다.

육포

육포

Ingredients

소고기(홍두깨살) 600g, **양념장**

양념장 만들기

배즙 1컵, **진간장** 2컵, **국간장** 3스푼, **설탕** 1컵, **육수** 1/2컵, **참기름** 1/2큰술, **생강** 1스푼, **마늘** 2스푼

육수 만들기

양파 5g, **대파** 5g, **다시마** 5g, **마늘** 3쪽, **건고추** 1/2개, **청양고추** 1/2개, **멸치** 5g

1. 냄비에 물과 분량의 재료를 넣고 끓여서 필요한 양을 만든다.
2. 끓으면 고운 채에 걸러서 식혀준다.

고명

호박씨, 잣, 대추, 밤, 찹쌀풀

How to make

1 소고기 홍두깨살을 준비하여 0.5~0.7cm 정도 두께로 결 방향으로 썬다.

2 썬 소고기는 기름기가 없도록 손질하여 찬물에 한 시간 정도 넣고 핏물을 빼준다.

3 물기를 먹은 ②의 고기를 채반에 건져서 물기를 빼준다.

4 ③을 양념장에 한 장씩 넣어 주면서 골고루 양념이 잘 배이도록 적셔준다.

5 손에 힘을 주지 말고 양념이 모두 스며들 때까지 살살 주물러 준다. 왜냐하면 살살 주물러 주어야 양념이 잘 스며든다.

6 양념장이 소고기에 모두 흡수되었으면 즉시 소쿠리에 고기가 겹치지 않도록 한 장씩 잘 펼쳐서 햇볕이 잘 들고 바람이 잘 통하는 곳에서 반나절 정도 말린다.

7 고기의 겉표면이 마르면 뒤집어서 더 말린다.

8 꾸덕꾸덕하게 잘 말랐으면 한데 모아 비닐로 싸서 무거운 것으로 눌러 하루 정도 재운다.

9 재운 고기에 찹쌀 풀을 발라서 고명으로 장식한다.

Point

1. 고기는 결 반대 방향으로 썰면 갈라지므로 결 방향으로 썰어야 한다. 요즘은 정육점에서 유포용으로 썰어 달라고 미리 주문하면 된다.
2. 육포의 맛은 핏물을 잘 뺐는지에 따라서 다르므로 잘 안 빠지면 누린내가 날 수 있다.
3. 고기를 말릴 때 뒤틀린 것은 밀대로 반듯하게 밀어서 모양을 잡아주면 좋다.
4. 가정용 건조기 사용 시 60℃에서 6시간 정도 건조시킨다.
5. 반나절은 12시간을 의미하는데, 보통 2일 정도 소요된다.
6. 맛있게 먹으려면 참기름을 살짝 발라서 후라이팬에 구워 먹으면 좋다.
7. 오랫동안 두고 먹으려면 포장하여 냉동고에 보관한다.

Story

1. 장기간 보관할 수 없는 옛날에는 한지에 싸서 소금독에 묻어서 귀한 날 꺼내서 사용했다고 한다.
2. 필자가 2018년 전주음식명인 신복자 명인과 2022년 대한민국식품명인 72호 임화자 명인한테 배운 비법으로 정리하여 재해석한 레시피이다.

백김치

백김치

Ingredients

배추 2포기, **무** 400g, **쪽파** 10대, **홍고추** 4개, **당근** 1/2개, **천일염** 500g

절임 소금물 만들기

물 2.5ℓ, **천일염** 500g, **비율= 물 5 : 천일염 1**

대야에 물 2.5ℓ를 붓고 천일염 500g 넣어서 소금을 녹여서 준다.

찹쌀풀 만들기

다시마 육수 1컵, **생수** 100ml, **찹쌀가루** 2큰술

1. 생수 100ml에 찹쌀가루 2큰술을 넣고 풀어준다. 서
2. 다시마 육수 1컵에 풀어준 찹쌀가루를 넣고 묽게 끓여준다.

다시마 육수 만들기

물 2ℓ에 다시마 50g(3조각)을 넣고 10분 정도 끓여서 거른다.

백김치 양념장 만들기

찹살풀 1컵, **액젓** 70ml, **설탕** 30g

김치 국물 만들기

생수 2ℓ, **액젓** 2큰술, **마늘** 10g, **뉴슈가** 5g, **채소즙, 소금** 약간

채소즙 만들기

무 300g, **양파** 1개, **배** 1개, **마늘** 50g, **생강** 20g, **생수** 300ml

1. 무와 양파는 껍질을 벗기고, 배도 벗겨서 씨를 제거하여 적당한 크기로 썰어준다.
2. 마늘은 꼭지를 자르고, 생강은 껍질을 깨끗하게 벗겨 놓는다.
3. 썰은 1의 재료를 믹서기에 넣고 곱게 갈아준다.
4. 면보 보자기에 곱게 간 2를 꽉 짜서 채소즙을 만든다.

How to make

1 배추는 겉잎이 마르거나 시들시들한 겉잎은 모두 떼어내고 다듬어서 배추 밑동 부분에 반 정도만 칼집을 내서 손으로 쪼개주고, 다시 칼집을 내서 4등분으로 쪼갠다.

2 무와 쪽파, 당근은 5cm 정도 길이로 채썰고, 홍고추는 반으로 잘라서 씨를 제거하고 채썰어 준다. 이대 채 썬 당근은 찬물에 담가둬야 향이 없어져서 백김치 맛이 깔끔하고 김치국물도 탁해지지 않는다.

3 다듬어 놓은 배추를 절임 소금물에 골고루 적셔 주면서 절여준다. 이때 배추잎 안쪽과 두꺼운 잎부분 사이사이에 천일염을 골고루 뿌려준다.

4 ③의 배추잎은 3시간 정도 절인 후 3시간 후에 한번 뒤집어 준다

5 총 6시간 절인 배추는 찬물에 2~3번 정도 헹궈서 채반에 물기를 빼준다.

6 찹살풀을 쑤어 식혀 준다.

7 찹살풀에 액젓, 마늘, 생강 등의 양념재료를 섞어서 채 썬 채소(무, 쪽파, 홍고추, 당근)를 넣어 섞어준다.

8 절인 배추 사이 사이에 7을 넣어 준다.

9 만들어 놓은 채소즙에 김치국물을 만들어 최종적으로 간을 하여 배추에 붓고 4~5일 정도 냉장고에서 숙성시킨다.

Point

1. 백김치는 초록색 부분의 잎이 들어가면 좋지 않기 때문에 최대한 초록색 겉잎 부분은 떼어내고 다듬어 준다.
2. 전처리한 배추 한 포기의 무게는 큰 것이 2.5kg, 작은 것이 1.5kg 정도 된다.
3. 소금의 양은 배추 무게의 2%로 해준다.
4. 배추의 절임 시간은 배추의 크기에 따라서 1~2시간 더 소요될 수 있으므로 절임상태 여부를 확인하는 것이 좋다.
5. 찹쌀풀을 쑬 때 찹쌀가루 대신 멥쌀가루나 밀가루를 대체해도 무방하다.
6. 고급스럽게 백김치를 만들려면 밤이나 대추를 곱게 채 썰어서 넣으면 좋다.

미나리 김치

미나리 김치

Ingredients

데친 미나리 2단(1.6kg), **홍고추** 2개, **당근** 1/2개, **쪽파** 50g

양념 만들기

마늘 3큰술, **생강** 2작은술, **고춧가루(중간)** 1컵, **새우젓** 2큰술, **액젓** 1/3컵, **통깨** 2큰술, **사과 1/2개, 배** 1/2개, **양파** 1개, **소금** 1.5큰술, **설탕** 1큰술, **매실청** 1큰술, **찹쌀풀** 1컵

How to make

1 미나리는 줄기만 사용하는데 미나리 뿌리 부분을 자른 후 잎은 잘라내고 잎을 끊듯이 떼어서 다듬어 놓는다.

2 흐르는 물에 미나리 줄기 부분을 잡고 3~4번 깨끗이 씻어서 건져서 물기를 제거하고 적당한 길이로 자른다.

3 끓는 물에 미나리 줄기를 살짝 데쳐서 찬물에 헹궈 물기를 꼭 짜준다. 이때 끓는 물에 굵은 줄기가 아래로 가게 하여 데쳐야 하며, 찬물에 소금을 풀어 녹인 후 미나리를 절여서 사용해도 무방하다.

4 양파와 당근은 2mm 두께로 채썰어 놓는다.

5 홍고추는 길이로 반으로 잘라서 씨를 빼고 적당한 크기로 자른다.

6 사과와 배도 껍질을 벗겨서 적당한 크기로 자른 후 홍고추, 마늘, 생강을 넣고 믹서기에 갈아준다.

7 고춧가루는 액젓에 부어 불린다.

8 액젓에 불린 고춧가루와 양념, 통깨를 넣어 잘 섞는다.

9 8에 미나리와 당근 채를 넣고 손끝으로 가볍게 버무린다.

10 용기에 담아서 냉장고에 보관하여 하루 숙성 후 제공하거나 안 익어도 향이 상큼하여 맛이 좋다.

Point

1. 찹쌀풀 만들기 : 물 2컵, 찹쌀가루 2큰술을 풀어서 기포가 올라올 때까지 거품기로 저어주면서 풀을 쑨다.
2. 미나리 1단의 무게는 보통 800g 정도이다.
3. 미나리 잎을 다듬을 때에는 미나리의 단을 풀지 말고 뿌리를 자른 후 칼끝으로 미나리 잎을 살살 끊듯이 쳐서 다듬으면 편하게 다듬을 수 있다.
4. 예로부터 액젓대신 새우젓국을 많이 사용했다.

Story

미나리김치는 미나리를 주재료로 고춧가루 양념에 버무려 향긋함과 아삭한 식감을 즐기는 전주의 향토음식이다.

열무김치

열무김치

Ingredients

열무 500g, **절임물**(물 500ml, 굵은 소금 50g), **양파** 100g, **쪽파** 50g

양념 만들기

굵은 고춧가루 100g, **밀가루 풀국** 100g, **배** 1/4개, **홍고추** 5개, **청양고추** 5개, **마늘** 50g, **생강** 5g, **멸치 액젓** 70g, **매실청** 100g **물** 2컵

1. 배와 홍고추, 청양고추를 적당한 크기로 썰어 준다.
2. 믹서기에 배, 홍고추, 청양고추, 마늘, 생강, 멸치 액젓, 매실청, 물을 넣고 약간 거칠고 부드럽게 갈아준다.

How to make

1 열무 뿌리 부분을 깔끔하게 손질하고, 뿌리의 굵은 부분은 먹기 좋게 2~4등분 잘라서 모두 다듬어서 준다.

2 열무의 길이는 7cm 정도로 썰어서 깨끗하게 씻어서 물기를 완전히 제거해 준다.

3 절임물은 만들어서 손질한 열무를 넣고, 30분 정도 지난 뒤 한 번 뒤집어 주면서 절여준다.

4 밀가루 풀을 쑤어 놓고, 양념을 만들어 놓는다.

5 양파는 채 썰고, 쪽파는 적당한 길이로 썰고, 홍고추, 청양고추는 어슷 썰기, 마늘과 생강은 다져 놓는다.

6 믹싱볼에 양념, 절인 열무, 썰어 놓은 부재료를 모두 넣고 잘 섞이도록 버무려 준다.

7 김치 통에 담아서 이틀 정도 숙성시켜 먹으면 맛이 아주 좋다.

김치

Point

1. 여름철에 시원하게 먹으려면 수박 100g을 넣고 열무 김치를 만들면 좋다.
2. 열무김치는 찹쌀풀을 안 쓰고 밀가루 풀을 쑤는데, 찹쌀풀보다 밀가루 풀이 더 맛있다.
3. 생강이 많이 들어가면 김치가 익었을 때 쓴 맛이 나기 때문에, 생강을 안 넣어도 된다.
4. 열무김치를 먹을 때 싱겁다고 소금을 넣으면 절대로 안 된다. 이유는 소금을 넣으면 쓴 맛이 나기 때문이며, 멸치 액젓을 조금 넣으면 된다.
5. 열무에 얼갈이를 넣고 만들어도 좋으며, 숙성은 기호에 따라서 다르게 해 주면 된다.

Story

여름철 별미로 시원한 맛이 나는 김치로서 숙성이 잘된 열무 물김치에 국수를 곁들이면 먹으면 금상천화이다.

열무 물김치

열무 물김치

Ingredients

열무 1단(2.5kg), **쪽파** 10뿌리, **물** 4ℓ, **소금** 2컵, **양념 국물**

양념국물 만들기

물 3ℓ, **무** 1/4개(400g), **양파** 2개, **마늘** 100g, **생강** 20g, **홍고추** 10개, **청양고추** 10개, **대파** 1대, **까나리 액젓** 1/2컵, **흰밥** 200g

1. 물을 제외한 모든 재료를 믹서기에 넣고 갈기 좋게 적당한 크기로 자른다.
2. 믹서기에 분량의 재료를 나누어서 넣고 물 3ℓ 를 넣어 주면서 곱게 갈아준다.
3. 마지막에 홍고추 3개를 남겨서 믹서기에 거칠게 갈아준다. 왜냐하면 거칠게 갈은 홍고추가 물김치 국물에 떠 있어야 보기도 좋고 먹음직스럽게 보인다.

사전 준비 : 열무 절이기

물 4ℓ **천일염** 2컵

1. 물 4ℓ 와 천일염 2컵을 준비한다.
2. 큰 믹싱볼에 물 3ℓ 와 천일염 1컵을 넣고 녹여서 절임물을 만든다.
3. 씻어 놓은 열무를 모두 넣고 잘 뒤집어 주면서 섞어 준다.
4. 나머지 소금 1컵은 열무 → 소금 → 열무 → 소금 순서로 겹겹이 뿌려준다.
5. 물 1ℓ 는 마지막으로 소금을 뿌린 후, 열무 위에 손으로 흩어 뿌려준다.
6. 소금에 절인 열무는 30분 후에 뒤집어서 1시간 정도 한 번 더 절여 준다.

How to make

1 열무는 칼로 잔뿌리를 제거하고 뿌리 부분을 살살 긁어 주면서 다듬어 준다.

2 열무를 모두 잘 다듬어서 적당한 길이(6~8cm) 길이로 썰어 준다. 이때 열무 뿌리가 큰 것은 반으로 길게 잘라 준다.

3 쪽파는 손질하여 씻은 후 4cm 길이로 썰어준다.

4 다듬어 놓은 열무를 물에 여러 번 헹궈서 체에 받쳐서 물기를 뺀다.

5 열무를 절임 물로 절여 준다. ☞ 열무 절이기 참조

6 흐르는 물에 절여진 열무를 헹궈 놓는다.

7 열무 물김치 양념 국물을 만든다. ☞ 양념국물 만들기 참조

8 김치통에 열무와 양념국물을 조금씩 나누어 담아서 냉장 보관하여 숙성시킨다. 열무 물김치를 빨리 먹으려면 반나절 정도 실온에서 숙성하면 된다.

Point

1. 고추 다진 양념을 만들어서 이용해도 좋다. 분량의 재료를 믹서기에 갈아 준다.

[고추 다진 양념 만들기]

마늘 100g, **생강** 50g, **대파** 2대, **당근** 2개, **청각** 50g, **청양고추** 100g, **홍고추** 100g, **양파** 2개, **무** 1/4개, **정종** 1/2컵, **천일염**

2. 열무 물김치 양념 국물을 만들 때 기호에 따라서 보리 또는 찹쌀풀을 만들어 넣으면 좋다. 찹쌀 풀을 넣는 이유는 곡류가 들어가서 발효가 되게 하는 역할을 해 준다.
3. 얼갈이를 넣고 열무 물김치를 만들어도 좋다.

간장게장

간장게장 8인분

Ingredients

꽃게 8마리(1kg), **육수** 2.6ℓ(물 2.6ℓ, 다시마 2장, 양파 1개, 대파 1개, 마늘 8쪽, 생강 3톨, 건홍고추 5개, 레몬 1개, 다랑어 가루 1큰술) **간장물**(양조간장) 4컵, **청주**(맛술) 6큰술, **액젓** 3/4컵, **녹차물** 2컵

1차 : 육수 만들기

물 2.6ℓ(13컵), **다시마**(10×10cm) 2장, **양파** 1개, **대파** 1개, **마늘** 8쪽, **생강** 3톨, **건홍고추** 5개, **레몬** 1개, **다랑어 가루** 1큰술

1. 물 2.6ℓ(13컵)에 다시마, 양파, 대파, 마늘, 생강, 건홍고추, 레몬을 적당한 크기로 썰어서 넣고 중불에서 25분 정도 끓여준다.
2. 다랑어 가루와 물 500ml 정도를 넣고 한 소끔 더 끓여서 면보 또는 고운 체에 거른다. 이때 물을 더 넣는 이유는 처음 물의 양이 2.6ℓ(13컵)이므로 졸여진 물을 양을 맞추기 위해서 물을 넣는 것이다.

2차 : 간장물 만들기

양조간장 4컵, **청주**(맛술) 6큰술, **액젓** 3/4컵, **녹차물** 2컵

1. 냄비에 분량의 육수, 양조간장, 청주, 액젓, 녹차물을 넣고 한 소끔 더 끓여 준다.
2. 뜨거운 기운이 가시면 차게 완전히 식혀준다.

How to make

1 꽃게는 배 쪽부터 솔로 앞 뒤로 구석구석 닦아서 깨끗하게 씻은 후 채반에 밭쳐 물기를 완전히 빼준다.

2 꽃게의 등딱지가 아래를 향하도록 손질한 게를 용기에 넣어준다. 이대 게 등딱지를 차곡차곡 올린 후 빈 공간에 집게발을 넣어주는 것이 공간 활용하기 좋다.

3 게를 차곡차곡 담아준 후 식힌 간장물을 붓고, 얇게 썬 레몬 등을 올려준다. 이때 간장물이 골고루 스며 들도록 게가 담긴 통을 이리 저리 움직여 주면 좋다.

4 냉장고에 넣어 2일 정도 지나면 게장의 맛이 들어 먹을 수 있다.

5 간장물 적당량에 잘게 썬 양파, 청양고추, 홍고추, 레몬, 통깨 등을 넣고 잘 섞어서 게 등딱지를 벌린 후 먹기 좋게 자른 후, 보기 좋게 접시에 담아서 그 위에 고명으로 뿌려서 완성한다.

Point

1. 간장 게장을 많이 담궈 오래 두고 먹으려면 1~2일이 지난 후 간장물만 따라서 팔팔 끓여서 식힌 후, 다시 부어 보관해서 두면 두고두고 맛있는 간장 게장을 먹을 수 있다.
2. 다랑어 가루가 없으면 육수용 멸치를 볶아서 넣어도 된다. 음식은 만드는 사람들마다 스타일이 다르기 때문에 조리법의 정답은 없다. 그러므로 육수를 만들 때 기호에 따라서 대추, 건표고버섯, 청양고추, 배, 사과, 검정 통후추, 황기, 감초, 월계수 잎 등을 넣어도 무방하다.
3. 간장의 종류는 보통 조선간장, 양조간장, 진간장을 사용하는데, 조선간장을 제외하고 양조간장, 진간장은 높은 온도에서 40분 이상 끓이지 않는 것이 일반적이다.

양념 꽃게장 1

양념 꽃게장 1 4인분

Ingredients

꽃게 4마리(1kg), **양파** 1/4개, **쪽파(실파)** 5뿌리, **풋고추** 1개, **홍고추** 1개, **대파(흰부분)** 1/2대, **통깨** 약간

1차 양념

진간장 1/2컵, **생강즙** 1큰술, **정종(소주)** 약간, **미향** 1/2컵

2차 양념

고춧가루 1/2컵, **다진 마늘** 1큰술, **생강즙** 1작은술, **참기름** 2큰술, **정종(소주)** 2큰술, **미향** 2큰술, **통깨** 1작은술, **물엿, 설탕**

How to make

1 꽃게는 깨끗이 씻어서 물기를 빼고 배 부위의 게딱지와 발톱을 자르고, 먹기 좋게 토막으로 4등분한다. 이때 집게발은 양념이 밸 수 있도록 살살 두들겨서 준비하면 좋다.

2 양파는 채 썰고 쪽파는 3cm 길이로 선다.

3 청 · 홍고추, 대파는 반으로 갈라 어슷썰기 한다.

4 〈1차 양념〉을 분량대로 혼합하여 손질한 꽃게에 넣고 양념이 배도로 30분 정도 버무려 준다.

5 꽃게에 간이 배면 ④의 간장, 정종, 미향에서 나온 물을 따라내고 〈2차 양념〉를 넣고 살살 섞으면서 무치다가 썰어놓은 양파, 쪽파, 청 · 홍고추, 대파를 모두 넣어 버무려 준다.

6 마지막으로 참기름, 통깨를 넣고 살살 버무려서 완성한다.

Point

1. 필자의 레시피에는 고추장을 안 넣는다. 왜냐하면 고추장을 넣으면 약긴 떫은 맛이 나기 때문이다.
2. 필자가 오래 전에 배운 양념 꽃게장 중에서 간장과 물을 4:1비율로 하여 마늘, 생강, 양파, 정종을 넣고 끓여서 건더기를 걸러서 식힌 후 고춧가루, 물엿, 생강즙, 정종, 통깨를 넣고 만든 양념장에 꽃게를 넣고 버무린 양념꽃게장도 오랜 시간이 흐른 지금까지 기억에 남는다.
3. 꽃게 1마리의 무게는 꽃게 크기마다 차이가 있는데, 보통 꽃게 1kg는 소(小) 5마리, 중(中) 4마리, 대(大) 3마리 정도되며, 숫꽃게가 암꽃게 보다 싸다.
4. 꽃게찜용으로는 1kg당 2~3마리, 게장이나 양념무침용으로는 kg당 4~5마리가 적당하다.
5. 꽃게가 맛있는 시기 : 꽃게는 6월~7월이 산란기로 암수 꽃게 모두 산란기 전인 5월이 최고로 살이 오르기 때문에 제일 맛있는 시기이다.

양념 꽃게장 2 4인분

Ingredients

꽃게 3kg(15~12마리)

소스 만들기

간장 100ml, **물** 150ml, **마늘** 300g, **생강** 100g, **건홍고추** 1개, **양파** 1/4개

양념장 만들기

고추장 1kg, **고춧가루** 100g, **물엿** 2큰술, **정종** 1/2큰술, **생강즙** 1작은술, **설탕** 1작은술, **통깨** 1큰술

사전 준비

냄비에 간장, 물, 마늘, 생강, 건홍고추, 양파를 넣고 끓여서 고운체에 거른 후 소스를 만들어 식혀 놓는다.

How to make

1 꽃게는 깨끗이 씻어서 물기를 빼고 배 부위의 게딱지와 발톱을 자르고, 먹기 좋게 토막으로 4등분한다. 이때 집게발은 양념이 밸 수 있도록 살살 두들겨서 준비하면 좋다.

2 준비해 놓은 소스에 고추장, 고춧가루, 물엿, 정종, 생강즙, 설탕, 통깨를 넣고 살살 버무려서 마무리한다.

3 양념이 골고루 잘 묻혀 졌으면 통깨를 약간 뿌려서 용기에 담아서 냉장고에 보관한다.

약식

약식

Ingredients

찹쌀 4컵, **깐밤** 300g, **대추살** 100g, **잣** 2큰술

양념 만들기

진간장(집진간장) 3큰술, **흑설탕** 250g, **꿀** 3큰술, **참기름** 4큰술, **대추고** 4큰술, **계피가루** 1/2큰술

사전 준비

1. 찹쌀은 깨끗이 씻어 3시간 정도 불린 후 물기를 뺀다.
2. 김이 오른 찜통에 면보를 깔고 ①을 40분 정도 쫀득하게 충분히 찐다.
3. 대추는 돌려 깎으면서 씨를 빼고 굵게 채 썰어 준다. 이때 고명으로 사용할 대추 몇 개를 돌돌 말아서 꽃모양으로 얇게 썰어 놓는다.
4. 깐 밤은 4~6등분으로 자르고, 잣은 젖은 면보에 닦아 놓는다.
5. 양념에 밤, 대추, 잣을 재운다.

How to make

1 찐 찹쌀을 믹싱볼에 옮겨 담고 분량의 재료(깐밤, 대추살, 잣, 양념)를 넣고 고루 섞는다.

2 간이 충분히 배면 면보가 깔린 찜통에 다시 15분 정도 더 쪄준다.

3 잘 쪄졌으면 한 김 나간 후 사각형 틀에 유산지를 깔고 찐 약밥을 모양있게 꾹꾹 눌러 주면서 담아서 식혀준다.

4 다 식었으면 적당한 크기로 잘라서 대추채나 밤채를 얇게 썰어서 고명을 하여 담아 낸다.

Point

1. 기호에 따라서 호두, 은행, 크랜베리, 건포도, 호박씨 등을 넣고 만들어도 좋다.
2. 전기밥솥에 약밥을 만들면 떡처럼 되기 때문에 약밥 본연의 맛을 느낄 수 없다.

Story

1. 약식(藥食)은 약밥, 약반(藥飯)이라고 하는데, 찹쌀에 대추, 밤, 잣 등을 섞어 찐 다음 기름과 꿀, 간장으로 버무려 만든 음식으로 한 해를 건강하게 시작하길 기원하는 정월 대보름의 대표 절식이다.
2. 약식은 신라 소지왕 10년(488) 정월 15일에 왕이 행차를 하였는데, 날아온 까마귀가 왕이 위기에 처했다는 것을 일깨워 주어 위기를 모면하였다. 이때부터 정월 15일을 오기일(烏忌日)로 정하여 찰밥을 지어 까마귀한테 보답하는 의미로 제사를 지냈다고 유래되어 '약밥'이라고도 전한다.
3. 한국요리와 문화연구소 윤옥희 소장님의 사진을 제공해 주셔서 감사드린다.

전주 약과

전주 약과 40개

Ingredients

밀가루(박력분, 중력분 동량) 1.5kg, **생강가루** 15g, **소금** 5g, **설탕** 100g, **참기름** 40ml, **식용유** 40ml, **정종(소주)** 200ml, **달걀** 1개, **잣**

엿물(조청) 만들기

1. 엿과 육수(생강 우린 물)를 종량으로 넣고 2시간 정도 끓여서 졸여 준다.
2. 엿물을 오래 졸여야 약과가 딱딱하지 않다.

How to make

1 밀가루에 생강가루, 소금, 설탕, 참기름, 식용유를 넣고 중간 체에 문질러서 골고루 섞이게 한다. 식용유를 넣는 이유는 참기름 색깔이 진하기 때문에 색깔이 연하게 나기 위해서 넣는다.

2 달걀과 정종을 넣고 반죽을 한다. 이때 참기름만 넣을 때에는 달걀을 안 넣어도 된다.

3 반죽한 밀가루를 보온밥솥에서 약 1시간 정도 숙성시킨다.

4 숙성된 반죽을 밀대로 밀어서 모양 있는 틀을 이용해서 밀어 놓은 반죽을 눌러서 모양을 만든다. 또는 네모나게 잘라서 가운데, 사방으로 칼집을 넣어 만들어 준다.

5 110℃ 온도의 식용유에서 약과를 튀겨 주면서 140℃ 온도에서 색을 내준다.

6 튀긴 약과를 엿물에 10분 정도 넣었다가 건져서 엿물을 입혀 준다.

7 엿물 입힌 약과에 잣, 대추, 호박씨 등을 이용하여 고명으로 장식한다.

Point

밀가루 반죽하기→ 반죽 숙성 → 모양 만들기 →약과 튀기기 → 엿물 만들기 → 엿물 입히기 → 고명하기

호박 식혜

호박 식혜

Ingredients

손질한 단호박 200g, **늙은 호박** 150g, **엿기름** 250g, **엿기름 거른물** 5ℓ, **물(믹서용)** 300ml, **생강** 60g, **흰밥** 420g, **설탕(식혜밥용)** 2큰술, **설탕** 100g, **잣** 약간

엿기름물 만들기

1. 엿기름에 물을 붓고 20분 정도 불린다. 이때 불리는 중간중간에 손으로 문질러 엿기름을 비벼준다.
2. 물에 불린 엿기름 건더기를 손으로 꽉 짜서 면 보자기에 넣고 남은 엿기름물은 고운 체에 거르거나 체에 면보를 깔고 나누어 부으면서 건더기를 걸러낸다.
3. 물 3ℓ에 엿기름을 담은 면 보자기에 넣고 주물러서 치대어 엿기름물을 짜준다.
4. 걸러낸 엿기름물이 가라앉으면 앙금이 생길 때까지 가라앉힌다.

식혜 밥 만들기

1. 쌀을 씻어서 일반 밥보다 약간 고슬고슬하게 밥을 한다. 시간을 절약하기 위해서는 햇반이나 식은 밥을 사용해도 무방하다.
2. 전기 밥통에 흰밥을 넣고 엿기름 물의 윗 물만 붓고 밥알이 흩어지게 잘 풀어준다. 이때 앙금이 들어가지 않게 주의해야 한다. 왜냐하면 식혜의 색깔이 맑지 않고 탁해지기 때문이다.
3. 식혜를 삭히기 위해서 설탕을 약간 넣고 섞어준다. 설탕을 넣는 이유는 밥알이 빨리 식혀지기 때문이다.
4. 전기밥통을 보온으로 조절하여 6시간 후 밥알이 10~20개 정도 떠오르면 물은 냄비에 옮기고 밥알은 건져서 찬물에 3번 정도 헹궈서 담아 놓는다.

How to make

1 단 호박과 늙은 호박은 반으로 잘라서 속은 파내고 껍질을 벗긴 후 적당한 크게로 썰어서 삶거나 찜통에 쪄서 물을 약간 넣고 핸드 믹서기로 곱게 갈아준다.

2 전기밥통에 있는 식혜 물에 남은 엿기름물을 넣고 한 번 더 끓여 준다.

3 2에 곱게 간 호박을 넣고 한 소뜸 끓여 설탕으로 단 맛을 맞춘다. 이때 당도는 기호에 맞게 조절하면 된다.

4 끓인 호박식혜를 차게 식힌 후 준비해 놓은 밥알을 섞는다.

5 호박식혜에 잣을 얹어서 제공한다.

Point

1. 요즘은 간편하게 엿기름 티백을 이용해서 만들 수 있다.
2. 엿기름 거른물 5ℓ를 만들려면 물 6ℓ 정도 필요하다.
3. 밥알이 동동 뜨게 하려면 찬물에 담궈서 단물을 빼줘야 식혜에 밥알이 뜨기 마련이다.
4. 물에 엿기름을 불릴 때 엿기름을 면보에 넣고 물에 담궈 놓으면 편하게 할 수 있다.
5. 호박식혜의 밥알의 양은 흰밥을 더 넣거나 줄이면 된다.
6. 단호박을 이용하여 식혜를 만들면 단호박 식혜가 된다.

Story

1. 단호박은 비타민 A, 비타민 C, 칼슘, 철분 등의 무기질이 풍부하고 열량이 낮고 섬유질이 많아 다이어트에 좋다.
2. 엿기름은 신경전달 물질인 가바(Gaba) 함량이 많아 신진대사를 향상시키고 신경 안정과 스트레스를 낮추는 효과가 있다.
3. 한국요리와 문화연구소 윤옥희 소장님이 사진을 제공하여 주셔서 감사드립니다.

식혜

Ingredients

멥쌀 400g, **물(밥물)** 500ml, **엿기름** 400g, **물** 5ℓ, **유당** 200g, **생강** 50g, **대추** 10개, **잣** 적당량

엿기름물 만들기

1. 엿기름에 물을 붓고 20~30분 정도 불린다. 이때 불리는 중간 중간에 손으로 문질러 엿기름을 비벼 준다.
2. 물에 불린 엿기름 건더기를 손으로 꽉 짜서 면 보자기에 넣고 남은 엿기름물은 고운 체에 거르거나 체에 면보를 깔고 나누어 부으면서 건더기를 걸러낸다.
3. 물 3ℓ에 엿기름을 담은 면 보자기에 넣고 주물러서 치대어 엿기름물을 짜준다.
4. 걸러낸 엿기름물이 가라 앉으면 앙금이 생길때까지 가라 앉힌다.

식혜 밥 만들기

1. 쌀을 씻어서 일반 밥보다 약간 고슬고슬 하게 밥을 한다. 시간을 절약하기 위해서는 햇반이나 식은 밥을 사용해도 무방하다.
2. 전기 밥통에 흰밥을 넣고 엿기름 물의 윗 물만 붓고 밥알이 흩어지게 잘 풀어준다. 이때 앙금이 들어가지 않게 주의해야 한다. 왜냐하면 식혜의 색깔이 맑지 않고 탁해지기 때문이다.
3. 식혜를 삭히기 위해서 설탕을 약간 넣고 섞어준다.
4. 전기밥통을 보온으로 조절하여 6시간 후 밥알이 10~20개 정도 떠오르면 물은 냄비에 옮기고 밥알은 건져서 찬물에 3번 정도 헹궈서 담아 놓는다.

How to make

1 단호박과 늙은 호박은 반으로 잘라서 속은 파내고 껍질을 벗긴 후 적당한 크게로 썰어서 삶거나 찜통에 쪄서 물을 약간 넣고 핸드 믹서기로 곱게 갈아준다.

2 전기밥통에 있는 식혜 물에 남은 엿기름물을 넣고 한번 더 끓여 준다.

3 ②에 곱게 간 호박을 넣고 한 소뜸 끓여 설탕으로 단 맛을 맞춘다. 이때 당도는 기호에 맞게 조절하면 된다.

4 끓인 호박식혜를 차게 식힌 후 준비해 놓은 밥알을 섞는다.

5 호박식혜에 잣을 얹어서 제공한다.

Point

1. 요즘은 간편하고 쉽게 엿기름 티백을 이용해서 만들면 조리 시간을 단축 할 수 있다.
2. 쌀밥은 쌀과 물의 비율이 1:1로 한다.
3. 엿기름 거른물 5ℓ 를 만들려면 물 6ℓ 정도 필요하다.
4. 밥알이 동동 뜨게 하려면 찬물에 담궈서 단물을 빼줘야 식혜에 밥알이 뜨기 마련이다.
5. 물에 엿기름을 불릴 때 엿기름을 면보에 넣고 물에 담궈 놓으면 편하게 할 수 있다.

수정과

수정과 25인분

Ingredients

정수물 5ℓ, **계피스틱** 120g, **생강** 80g, **대추** 10알, **감초** 5쪽, **황설탕** 2컵, **곶감, 호두, 잣**

곶감말이 만들기

곶감 5개 **호두** 10개

1. 곶감은 꼭지를 떼어서 반으로 칼집을 내서 펼쳐 준다.
2. 펼친 곶감을 벌려서 호두 2개를 겹쳐 한 개로 만들어 넣고 돌돌 말아준다.
3. 랩을 깔고 돌돌 만 곶감을 한번 더 말아 준다. 왜냐하면 곶감을 썰 때 모양이 흐트러지지 않는다.
4. 호두를 넣은 곶감을 적당한 두께로 동그랗게 썰어서 준비해 놓는다.

How to make

1 계피스틱을 찬물에 살살 문질러 주면서 깨끗하게 씻어서 물에 담궈서 계피스틱이 촉촉하게 준비한다. 왜냐하면 계피는 방향성 향신 재료이기 때문에 특유의 향이 잘 우러 나온다.

2 생강은 전처리하여 깨끗이 씻어서 껍질을 벗기지 말고 얇게 편으로 썬다.

3 냄비에 물을 반 정도 나누어서 붓고 계피, 감초를 넣고 40분 정도 끓여준다.

4 다른 냄비에도 남은 물 반 정도 붓고 생강, 대추를 넣고 30분 정도 끓여준다.

5 면보나 고운체에 ③, ④를 걸러서 끓인 물 두 개를 합쳐준다.

6 5에 황설탕을 넣고 다 녹을 정도로만 한번 끓여준다.

7 수정과를 한 김 식혀서 냉장고에 보관하여 사용한다.

8 수정과 잔에 수정과를 담고 동그랗게 썬 곶감 말이와 잣을 띄워서 제공한다.

Point

1. 필자의 레시피는 계피와 생강을 같이 넣고 안 끓였는데, 이유는 계피는 방향성 재료이므로 게피랑 생강이랑 같이 넣고 끓여 주면 계피 냄새가 다 빠져나간다고 배웠기 때문이다.
2. 차게 식힌 수정과는 패트병에 담아서 냉장고에 보관하여 사용한다.
3. 계피는 껍질이 벗겨진 계피와 껍질이 안 벗겨진 2종류의 계피가 있는데 껍질이 벗겨진 계피를 구매하는 것이 좋다.
4. 계피는 국내산이 없으며 100% 수입산이다. 대부분 동남아에서 수입하는데 원산지가 베트남인 계피가 향도 좋고 맛도 좋고 효능도 좋다.

전주 모주

전주 모주

Ingredients

막걸리 3병, **건대추** 100g, **생강** 50g, **계피** 100g, **오갈피(오가피)** 50g, **인삼** 100g, **당귀** 100g, **겉보리** 50g, **옥수수** 50g, **감초** 30g, **곶감** 3개, **흑설탕** 100g, **물**

How to make

1 막걸리와 흑설탕을 제외한 모든 재료를 육수용 망에 넣은 후 물을 붓고 2~3시간 정도 끓여준다.

2 고운체에 걸러 약초물을 준비한다.

3 ②에 막걸리를 넣고 2~3시간 정도 고아내듯 끓여준다. 이때 끓이는 중간에 흑설탕으로 당도를 맞추어 준다.

Story

1. 전주 모주는 전주지역의 대표적인 술이라기 보다는 맛과 멋을 살리는 향토음식으로, 주로 비빔밥 전문점이나 전주 콩나물국밥 전문점에서 제공되고 있다. 모주는 약재의 효능과도 흡사하며, 단맛을 주기 때문에 이를 '단술', '감주(甘酒)'라고도 부른다.
2. 모주의 유래는 어머니가 아들의 건강을 위해서 막걸리와 술 찌게미에 한약 제료를 넣어 끓여 주었다는 설과 조선조 광해군 때 인목대비 모친이 귀양지 제주에서 빚었던 술이라 해서 '대비모주(大妃母酒)'라 부르다가 '모주(母酒)'라 부르게 되었다는 설이 있다.
4. 오가피는 오갈피 나무의 한방 이름이다.

참고문헌

황혜성 외 3인(2010), 3대가 쓴 한국의 전통음식, 교문사

민계홍(2022), 외식산업의 이해, 기문사

윤옥희(2024), 한국요리와 문화연구소, cfnc.co.kr

https://www.hansik.or.kr/story/storyList.do?menuSn=49

저자소개

■ **민 계 홍**

現 전주대학교 외식산업조리학과 교수

前 밀레니엄 서울힐튼호텔 Chef

그랜드힐튼호텔 Chef

국제한식조리학교 교장

쉽고 맛있는 한식요리

요리명인과 함께하는 한식 클래스

2024년 8월 20일 초 판 인쇄
2024년 8월 31일 초 판 발행

저 자 민 계 홍
발행인 한인환 · 한재성
발행처 도서출판 **기 문 사**
등 록 1978. 8. 9. NO. 6-0637
주 소 서울시 동대문구 안암로 50-1(용두동) 홍신빌딩 3층
전 화 02) 2265-7214/922-8662~8663
팩 스 02) 922-8772

homepage : www.kimoonsa.co.kr
e-mail : book@kimoonsa.co.kr

ISBN : 978-89-7723-995-1 13590

정가 : 27,000원

저자와의 협의하에 인지생략